200
recetas bajas en calorías

200
recetas bajas en calorías

BLUME

BLUME

Título original:
200 Low Calorie Recipes

Traducción:
Ramón Martínez Castellote

Revisión técnica de la edición en lengua española:
Eneida García Odriozola
Cocinera profesional
(Centro de formación de cocineros y pasteleros de Barcelona Bell Art).
Especialista en temas culinarios

Coordinación de la edición en lengua española:
Cristina Rodríguez Fischer

Primera edición en lengua española 2011
Reimpresión 2012

© 2011 Naturart, S.A. Editado por BLUME
Av. Mare de Déu de Lorda, 20
08034 Barcelona
Tel. 93 205 40 00 Fax 93 205 14 41
e-mail: info@blume.net
© 2010 Octopus Publishing Group, Londres

I.S.B.N.: 978-84-8076-951-8
Depósito legal: B. 12.563-2012
Impreso en Tallers Gràfics Soler, S.A.,
Esplugues de Llobregat (Barcelona)

WWW.BLUME.NET

En las recetas que se presentan en este libro se utilizan
medidas de cuchara estándar. Una cucharada equivale
a 15 ml; una cucharadita equivale a 5 ml.

El horno debería precalentarse a la temperatura requerida;
siga siempre las instrucciones que marca su horno.

Utilice hierbas y especias frescas, a menos que se especifique de otro modo.

Utilice huevos de tamaño medio, a menos que se indique lo contrario.

Las autoridades sanitarias aconsejan no consumir huevos crudos. Este libro
incluye algunas recetas en las que se utilizan huevos crudos o poco cocinados.
Resulta recomendable y prudente que las personas vulnerables, tales como
mujeres embarazadas, madres en período de lactancia, minusválidos, ancianos,
bebés y niños en edad preescolar eviten el consumo de los platos preparados
con huevos crudos o poco cocinados. Una vez preparados, estos platos
deben mantenerse refrigerados y consumirse rápidamente.

Este libro incluye recetas preparadas con frutos secos y derivados de
los mismos. Es aconsejable que las personas que son propensas a sufrir
reacciones alérgicas por el consumo de los frutos secos y sus derivados,
o bien las personas más vulnerables (como las que se indican en el párrafo
anterior), eviten los platos preparados con estos productos. Compruebe
también las etiquetas de los productos que adquiera para preparar los alimentos.

Este libro se ha impreso sobre papel manufacturado con materia prima procedente
de bosques sostenibles. En la producción de nuestros libros procuramos, con
el máximo empeño, cumplir con los requisitos medioambientales que promueven
la conservación y el uso sostenible de los bosques, en especial de los bosques
primarios. Asimismo, en nuestra preocupación por el planeta, intentamos emplear
al máximo materiales reciclados, y solicitamos a nuestros proveedores que usen
materiales de manufactura cuya fabricación esté libre de cloro elemental (ECF)
o de metales pesados, entre otros.

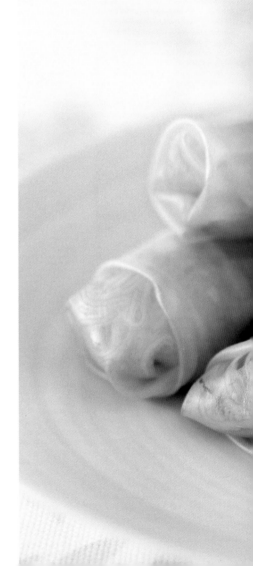

contenido

introducción   6

desayunos y *brunches*   14

almuerzos ligeros   42

comidas principales con menos
de 400 calorías   100

comidas principales con menos
de 300 calorías   126

postres   162

pasteles y bollería   190

índice   236

agradecimientos   240

introducción

introducción

Con la tentadora comida que hay disponible a nuestro alrededor a todas las horas del día, no es de extrañar que la mayoría de nosotros tengamos cierto sobrepeso. Para muchos, nuestra perdición es que sencillamente nos gusta comer cosas exquisitas; pero es posible comer bien y a la vez controlar las calorías.

Este libro está diseñado para ayudar a aquellas personas que están tratando de perder peso, al ofrecerles una variedad de recetas deliciosas que son bajas en calorías y, sin embargo, sabrosas. Cada receta muestra un cálculo de calorías por ración, por lo que sabrá con exactitud cuántas está ingiriendo. Se trata de recetas con deliciosos alimentos de verdad, no de comidas específicamente adelgazantes, por lo que le ayudarán a mantener de por vida un nuevo plan de alimentación más sano. Se pueden utilizar como parte de una dieta equilibrada, en la que los pasteles y los dulces sólo deben consumirse como un capricho ocasional.

Los riesgos de la obesidad

Casi la mitad de las mujeres y dos tercios de los hombres del mundo desarrollado padecen actualmente sobrepeso u obesidad. El exceso de peso no sólo puede hacernos más infelices a causa de nuestro aspecto, sino que también puede ocasionarnos serios problemas de salud, entre ellos trastornos cardíacos, hipertensión y diabetes.

Cuando una persona es obesa, esto significa que su sobrepeso ha alcanzado tal punto que podría constituir una amenaza seria para su salud. De hecho, la obesidad figura como la segunda causa posible más frecuente de sufrir cáncer, a escasa distancia de la primera, que es el tabaco. Las mujeres obesas tienen mayor probabilidad de padecer complicaciones durante y después del embarazo, y las personas con exceso de peso u obesidad también tienen más probabilidades de sufrir enfermedades coronarias, cálculos en la vesícula, osteoartritis, hipertensión y diabetes del tipo 2. La Organización Mundial de la Salud (OMS) afirma que, para el año 2025, 300 millones de personas habrán desarrollado diabetes del tipo 2 a causa del problema mundial de la obesidad.

¿Cómo se puede saber si se tiene exceso de peso?

El mejor modo de saber si tiene sobrepeso es calcular su índice de masa corporal (IMC). Para ello, divida su peso en kilogramos por el cuadrado de su altura en metros. (Por ejemplo, si mide 1,70 m de altura y pesa 70 kg, el cálculo sería 70 : 2,89 = 24,2.) Después compare la cifra con la lista que aparece a continuación (estas cifras sólo son aplicables a adultos sanos).

Menos de 20	escasez de peso
20-25	saludable
25-30	sobrepeso
Más de 30	obesidad

Como ya sabemos, una de las causas principales de la obesidad es la ingesta de demasiadas calorías.

¿Qué son las calorías?

Nuestros cuerpos necesitan energía para permanecer vivos, crecer y mantenerse calientes y activos. Esta energía que precisamos para sobrevivir la obtenemos de los alimentos y bebidas que consumimos; más específicamente, de las grasas, los carbohidratos, las proteínas y el alcohol que éstos contienen. Como sabe cualquiera que se haya puesto alguna vez a dieta, la caloría (cal) es la unidad que se emplea para medir la cantidad de energía que contienen los distintos alimentos. En el ámbito científico, una caloría se puede definir como la energía requerida para aumentar la temperatura de un gramo de agua de 14,5 °C a 15,5 °C. Una kilocaloría (kcal) son 1.000 calorías, y es precisamente de kilocalorías de lo que hablamos cuando nos referimos a las calorías que contienen los distintos alimentos.

Diferentes tipos de alimento contienen diversas cantidades de calorías. Por ejemplo, un gramo de carbohidrato (fécula o azúcar) aporta 3,75 kcal; la proteína, 4 kcal por gramo; la grasa, 9 kcal por gramo y el alcohol, 7 kcal por gramo. De este modo, la grasa es la fuente de energía más concentrada; en su equivalente medida de peso, proporciona justo un poco más del doble de calorías que las proteínas o carbohidratos, y el alcohol le sigue de cerca. El contenido energético de un alimento o bebida depende de cuántos gramos de carbohidratos, grasa, proteína y alcohol se hallen presentes en ellos.

¿Cuántas calorías necesitamos?

El número de calorías que precisamos consumir varía de una persona a otra, pero su peso corporal constituye una clara indicación de si está o no ingiriendo la cantidad correcta. El peso corporal viene simplemente determinado por el número de calorías que está ingiriendo comparado con el número de calorías que su cuerpo está utilizando para mantenerse y que necesita para su actividad física. Si habitualmente ingiere más calorías de las que consume, comenzará a ganar peso a medida que la energía sobrante se almacene en el cuerpo bajo la forma de grasa.

Basándose en los relativamente sedentarios estilos de vida de nuestros tiempos modernos, la mayoría de los nutricionistas recomiendan que las mujeres ingieran en torno a 2.000 calorías (kcal) al día

y los hombres alrededor de 2.500. Por supuesto, la cantidad de calorías requerida dependerá de su actividad; cuanto más activa sea su vida, más energía necesitará para conservar un peso estable.

Un estilo de vida más saludable

Para mantener un peso corporal sano, necesitamos gastar la energía que ingerimos; para perder peso, el consumo de energía debe, por tanto, exceder la ingesta de calorías. De este modo, el ejercicio es una herramienta vital en la lucha para perder peso. La actividad física no sólo nos ayudará a controlar el peso corporal, sino también a reducir nuestro apetito; además se sabe que tiene efectos beneficiosos en el corazón y la sangre que ayudan a prevenir los trastornos cardiovasculares.

Muchos de nosotros argüimos que no nos gusta hacer ejercicio y que, sencillamente, no disponemos del tiempo necesario para incluirlo en nuestros ajetreados horarios. La manera más fácil de aumentar nuestra actividad física, por tanto, es incorporarla en nuestras rutinas diarias, tal vez caminando o yendo en bicicleta en lugar de conducir (por lo general en viajes cortos), adoptando aficiones más activas, como la jardinería, y dando pequeños y sencillos pasos, tales como utilizar las escaleras en lugar del ascensor siempre que sea posible.

Como guía general, los adultos deberían tratar de hacer 30 minutos de ejercicio de intensidad moderada, como caminar con rapidez, cinco veces a la semana. No es preciso realizar los 30 minutos de una vez; tres sesiones de 10 minutos son igualmente beneficiosas. A los niños y personas jóvenes, conviene animarles a hacer 60 minutos de ejercicio de intensidad moderada cada día.

Algunas actividades consumirán más energía que otras. La siguiente lista muestra algunos ejemplos de la energía que una persona de 60 kg de peso consumiría realizando las siguientes actividades durante 30 minutos:

actividad	energía
Planchar	69 kcal
Limpiar	75 kcal
Caminar	99 kcal
Golf	129 kcal
Caminar con rapidez	150 kcal
Bicicleta	180 kcal
Ejercicios aeróbicos	195 kcal
Nadar	195 kcal
Correr	300 kcal
Sprint	405 kcal

Hacer cambios de por vida

El mejor modo de perder peso es tratar de adoptar unos hábitos alimenticios más saludables que pueda conservar siempre, no sólo cuando intente adelgazar. No trate de perder más de 1 kg a la semana para asegurarse de que pierde solamente sus acumulaciones de grasa. Las personas que adoptan dietas drásticas pierden músculo magro, además de grasa, y son más propensas a recuperar pronto el peso perdido una vez concluida la dieta.

Para una mujer, el objetivo es reducir su ingesta diaria de calorías a unas 1.500 kcal mientras está intentando perder peso y, después, mantenerla en unas 2.000 al día en lo sucesivo para conservar su nuevo peso corporal. El ejercicio regular comportará también una gran diferencia: cuanto más pueda quemar, menos necesitará ponerse a dieta.

Mejore su dieta

Para la mayoría de nosotros, simplemente el hecho de adoptar una dieta más equilibrada reducirá nuestra ingesta de calorías y traerá consigo una pérdida de peso. Siga estas sencillas recomendaciones:

Ingiera más alimentos con fécula, tales como pan, patatas, arroz y pasta. Siempre que sustituyan a los alimentos más grasos que suele comer y que no añada excesivo aceite o mantequilla; esto le ayudará a reducir la cantidad de grasa y a aumentar la cantidad de fibra en su dieta. Pruebe las magdalenas de arándanos agrios (*véase* pág. 22) o los *scones* de puré de patata (*véase* pág. 34) para un *brunch*, o la *jambalaya* de arroz salvaje (*véase* pág. 108) para una cena satisfactoria. Como ayuda suplementaria, intente emplear arroz, pasta y harina integrales, ya que la energía que proporcionan estos alimentos se libera con más lentitud, de modo que le permite sentirse satisfecho durante más tiempo.

Consuma más fruta y hortalizas. Intente ingerir al menos cinco raciones diarias de distintas frutas y hortalizas (sin incluir las patatas). Siempre que no añada grasa extra a la fruta y las hortalizas bajo la forma de nata, mantequilla o aceite, estos cambios le ayudarán a reducir la grasa y a aumentar la cantidad de fibra y vitaminas en su dieta. Quizás podría iniciar el día con el batido de frutas de verano (*véase* pág. 16) o comer una *piperade* con pastrami (*véase* pág. 30) como *brunch*. Pruebe el saludable, pero delicioso, gazpacho frío (*véase* pág. 46) o el pisto (*véase* pág. 76) para degustar los vibrantes sabores del Mediterráneo. ¿Quién ha dicho que las hortalizas tienen que ser aburridas?

Coma menos alimentos azucarados, tales como galletas, pasteles y chocolatinas. Esto también contribuirá a reducir su ingesta de grasa. Si le apetece algo dulce, trate de consumir frutas pasas.

Reduzca la cantidad de grasa en su dieta, ya que ingerirá menos calorías. Elegir las versiones hipocalóricas de los productos lácteos, como la leche y el yogur semidesnatados, no necesariamente significa que su comida vaya a ser insípida, como se hace patente en la lasaña sin grasa (*véase* pág. 110). Hoy disponemos de versiones bajas en grasa de la mayoría de los productos lácteos, como leche, queso, crema fresca, yogur e incluso nata y mantequilla.

Escoja cortes de carne magros, tales como lomo en lugar de panceta y pechugas de pollo en vez de muslos. Recorte toda la grasa visible de la carne antes de cocinarla y evite freír los alimentos; cocínelos a la parrilla o al horno.

El pescado es, por naturaleza, bajo en grasa y puede constituir platos tentadores, tales como las vieiras al jengibre con espárragos (*véase* pág. 60) o los paquetes de pescado con guindilla y cilantro (*véase* pág. 70).

Pasos simples para reducir su ingesta calórica

Pocos de nosotros poseemos una voluntad férrea, por lo que, cuando modifique su dieta, intente seguir estos pasos:

• Sirva raciones pequeñas para empezar. Quizás se sienta satisfecho cuando haya terminado, pero, si todavía tiene hambre, siempre puede tomar más.

• Una vez que se haya servido su ración, llévese el resto de la comida antes de empezar a comer. No coloque fuentes repletas de comida en la mesa, ya que, sin duda, picará incluso cuando se sienta satisfecho con lo que ya ha comido.

• Coma despacio y saboree la comida; así será más probable que se sienta satisfecho cuando haya terminado. Si come demasiado rápido, quizás todavía tenga hambre después de acabar.

• Haga un esfuerzo con las comidas. El hecho de que esté haciendo dieta no significa que sus comidas tengan que ser tan pobres en sabor como en calorías. Con una comida con la que realmente haya disfrutado, se sentirá más satisfecho y habrá menos probabilidades de que busque consuelo en una bolsa de patatas fritas o una chocolatina.

• Planee sus comidas con antelación para asegurarse de tener todos los ingredientes que necesita. Comenzar a rebuscar por los armarios cuando tiene

Nota importante sobre cálculos de calorías

En todas las recetas de este libro aparece el número de calorías (kcal) por ración. Estas cifras asumen que usted emplea las versiones bajas en grasa de los productos lácteos, así que asegúrese de utilizar leche y yogur desnatados. También se han calculado teniendo en cuenta que usa carne magra, de manera que retire toda grasa visible de la carne y quite la piel a las pechugas de pollo. No olvide tomar nota del número de raciones que contiene cada receta y divida la cantidad de comida de manera proporcional; así sabrá con exactitud cuántas calorías está ingiriendo.

hambre es poco probable que dé lugar a una comida sana y equilibrada.

• Tenga a mano cosas sanas e interesantes para picar para aquellos momentos en que necesite algo para animarse. No sucumbirá a la chocolatina si dispone de otras delicias tentadoras.

¡Disfrute!

Sobre todo, disfrute probando los nuevos sabores y estimulantes recetas que contiene este libro. En lugar de centrarse en la idea de que se está negando sus habituales delicias nada sanas, piense en su nuevo régimen como un paso positivo hacia un nuevo «yo». No sólo perderá peso y ganará confianza en sí mismo, sino que, además, su salud se beneficiará, el estado de su cabello y sus uñas mejorará, y estará mucho más sano.

desayunos y *brunches*

batido de frutas de verano

89 calorías por ración
para **600 ml**
tiempo de preparación
2 minutos

1 **melocotón** maduro,
cortado por la mitad,
deshuesado y troceado
150 g de **fresas**
150 g de **frambuesas**
200 ml de **leche**
cubitos de hielo

Ponga el melocotón en una batidora o robot de cocina con las fresas y las frambuesas y bátalos hasta que se forme un puré liso. Rebañe la mezcla que quede en las paredes del recipiente si es necesario.

Añada la leche y bata de nuevo los ingredientes hasta que la preparación quede uniforme y espumosa. Vierta el batido en vasos altos sobre los cubitos de hielo.

Para preparar batido de leche de soja y mango, sustituya el melocotón, las fresas y las frambuesas por 1 mango maduro grande y el jugo de 1 naranja. Bátalos como se indica en la receta y, después, añada 200 ml de leche de soja y vuelva a batir de nuevo. Para servir, viértalo sobre cubitos de hielo como se indica en la receta.

fruta con granola glaseada con jarabe de arce

246 calorías por ración
6 raciones
tiempo de preparación
   20 minutos, más tiempo
   de enfriado
tiempo de cocción **5-8 minutos**

2 cucharadas de **aceite de oliva**
2 cucharadas de **jarabe de arce**
40 g de **almendras laminadas**
40 g de **piñones**
25 g de **pipas de girasol**
25 g de **copos de avena**
375 g de **yogur natural**

para la **macedonia**
1 **mango**, deshuesado,
   pelado y cortado en trozos
2 **kiwis**, pelados y troceados
un pequeño racimo de **uvas**
   negras sin semillas,
   cortadas por la mitad
la ralladura y el jugo de **1 lima**

Caliente el aceite en una sartén con mango de metal; añada el jarabe de arce y los frutos secos, las pipas y los copos de avena, y mézclelos bien.

Introduzca la sartén en un horno, precalentado a 180 °C, y deje que se ase de 5 a 8 minutos, removiendo una vez y desplazando los bordes marrones hacia el centro, hasta que la preparación de granola esté tostada de manera uniforme.

Deje que la mezcla se enfríe y, después, póngala en un recipiente de cristal hermético; etiquétela y consúmala en un plazo de 10 días.

Prepare la macedonia. Mezcle las frutas con la ralladura y el jugo de lima, reparta la preparación entre los cuencos y corónela con cucharadas de yogur natural y granola.

Para preparar una compota de bayas, como acompañamiento de la granola en lugar de la macedonia, ponga en una cacerola 150 g de frambuesas, y la misma cantidad de moras y de arándanos junto con la ralladura y el jugo de 1 limón. Caliente la mezcla a fuego lento hasta que la fruta se haya ablandado y los arándanos se abran y, después, añada miel al gusto. Sírvala con la granola y el yogur, como se indica en la receta.

yogures de maracuyá y avellanas

348 calorías por ración
2 raciones
tiempo de preparación
5 minutos, más tiempo
de refrigerado

2 **maracuyás** (o **frutas
de la pasión**)
250 ml de **yogur natural**
4 cucharadas
de **miel clara**
50 g de **avellanas**, tostadas
y troceadas en trozos gruesos
4 **clementinas**, peladas
y cortadas en trozos pequeños

Corte por la mitad los maracuyás y, con la ayuda de una cuchara, extraiga la pulpa y viértala en un cuenco grande. Añada el yogur y mézclelos con suavidad.

Ponga 2 cucharadas de miel en los fondos de dos vasos estrechos y esparza por encima la mitad de las avellanas. Con una cuchara, vierta la mitad del yogur sobre las avellanas y disponga sobre él la mitad de los trozos de clementina.

Repita la operación con una nueva capa de cada ingrediente y reserve unas cuantas avellanas para decorar. Espárzalas por encima e introduzca los yogures en el frigorífico hasta que estén listos para servir.

Para preparar yogures de maracuyá, coco y fresas, ponga en remojo 2 cucharadas de coco rallado en 4 cucharadas de leche desnatada durante 30 minutos. Mezcle el maracuyá y el yogur como se indica en la receta y, después, añada y remueva el coco remojado. Dispóngalo en capas, como en la receta, pero prescinda de las avellanas y sustituya las clementinas por 100 g de fresas cortadas en cuartos.

magdalenas de arándanos agrios

172 calorías por magdalena
para **12 magdalenas**
tiempo de preparación
  10 minutos
tiempo de cocción **20 minutos**

150 g de **harina normal**
150 g de **harina bizcochona**
1 cucharada de **levadura
  en polvo**
65 g de **azúcar mascabado
  ligero**
3 **tallos de jengibre** en conserva
  (unos 50 g), troceados finos
100 g **de arándanos agrios
  deshidratados**
1 **huevo**
250 ml de **leche**
4 cucharadas de **aceite vegetal**

Forre con moldes de papel una bandeja de 12 orificios para magdalenas. Tamice sobre un cuenco grande las harinas y la levadura. Añada el azúcar, el jengibre y los arándanos, y remueva hasta que quede mezclado de manera uniforme.

Bata en un cuenco aparte el huevo, la leche y el aceite, y, después, añada el líquido resultante a la mezcla de harinas. Con una cuchara grande, remueva suavemente para incorporar el líquido en la harina, justo hasta que queden mezclados. La preparación debería tener un aspecto tosco, con partículas de harina aún visibles.

Reparta la mezcla en los moldes, formando un montoncito en el centro. Hornéelas en el horno, precalentado a 200 °C, de 18 a 20 minutos, hasta que hayan subido bien y estén doradas. Déjelas enfriar un poco sobre una rejilla de horno y sírvalas cuando estén todavía templadas.

Para preparar magdalenas integrales de albaricoque y naranja, sustituya la harina normal por 150 g de harina integral. Utilice 100 g de orejones de albaricoque troceados en lugar de los arándanos agrios y prescinda del jengibre. Añada a la mezcla la ralladura de 1 naranja e incorpore de nuevo antes de hornear.

barritas de cereales de desayuno

156 calorías por barrita
para **16 barritas**
tiempo de preparación
  10 minutos, más tiempo
  de enfriado
tiempo de cocción **35 minutos**

100 g de **mantequilla**,
  ablandada
25 g de **azúcar mascabado
  ligero**
2 cucharadas de **miel de caña**
125 g de **copos de mijo**
50 g de **quinoa**
50 g de **cerezas deshidratadas
  o arándanos agrios
  deshidratados**
75 g de **uvas pasas**
25 g de **pipas de girasol**
25 g de **semillas de sésamo**
25 g de **semillas de linaza**
40 g de **coco rallado sin azúcar**
2 **huevos**, ligeramente batidos

Unte con aceite una bandeja de hornear llana y rectangular de 28 × 20 cm. Bata la mantequilla, el azúcar y la miel de caña hasta que obtenga una mezcla cremosa.

Añada los ingredientes restantes y bata hasta que se incorporen bien. Vierta la preparación sobre la bandeja y alise la superficie con el dorso de una cuchara.

Hornéela en el horno, precalentado a 180 °C, durante 35 minutos, hasta que esté bien dorada. Deje que se enfríe en la bandeja.

Vuélquela sobre una tabla de madera y, con cuidado, córtela en 16 barritas con la ayuda de un cuchillo de sierra.

Para preparar barritas de cereales tropicales, elabore la preparación como se indica en la receta, pero sustituya las cerezas o los arándanos deshidratados por 50 g de piña deshidratada troceada y las uvas pasas por 75 g de mango deshidratado.

magdalenas de vainilla

198 calorías por magdalena
para **12 magdalenas**
tiempo de preparación
10 minutos, más tiempo
de enfriado
tiempo de cocción **20 minutos**

1 **vaina de vainilla**
200 ml de **leche**
325 g de **harina bizcochona**
1 cucharada de **levadura
en polvo**
125 g de **azúcar blanquilla**
2 **huevos**
4 cucharadas de **aceite vegetal**
200 ml de **yogur natural**
azúcar de lustre, para
espolvorear

Forre con papel sulfurizado los moldes de una bandeja de hornear de 12 orificios para magdalenas. Con la punta de un cuchillo afilado, corte la vaina de vainilla por la mitad en sentido longitudinal y póngala en una cacerola pequeña con 100 ml de leche. Llévela hasta el punto de ebullición y, en ese momento, retírela del fuego y deje que se temple. Retire la vaina de vainilla de la cacerola y extraiga las semillas con una cucharita. Incorpórelas a la leche y remueva; deseche la vaina.

Tamice sobre un cuenco grande la harina y la levadura en polvo y, después, añada el azúcar y remueva. Bata en un cuenco los huevos, el aceite vegetal, el yogur, la leche con vainilla y el resto de la leche. Vierta el líquido resultante sobre la harina y remueva suavemente con una cuchara de metal, justo hasta que se mezclen.

Reparta la preparación entre los moldes de magdalena y hornéelas en el horno, precalentado a 200 °C, durante 20 minutos, hasta que estén bien doradas. Trasládelas a una rejilla de horno y espolvoréelas con azúcar de lustre. Sírvalas templadas.

Para preparar magdalenas de canela, macere la vainilla en la leche, como se indica en la receta, y añada 1 palito de canela. Deje que la leche se enfríe por completo antes de retirar la canela y la vaina de vainilla. Termine de preparar la receta tal como se indica en la receta. Mezcle 1 cucharada de azúcar moreno granulado y 1 cucharadita de canela molida, y espolvoree ligeramente la preparación sobre las magdalenas justo antes de hornearlas.

crepes ligeras

150 calorías por ración
   (2 crepes)
4 raciones
tiempo de preparación
   10 minutos, más tiempo
   de reposo
tiempo de cocción **20 minutos**

125 g de **harina integral**
1 **huevo**
300 ml de **leche** (si emplea
   harina integral, necesitará
   un poco más)
1 cucharadita de **aceite vegetal**,
   y un poco más para cocinar

para **decorar**
fruta fresca troceada
manzana troceada,
   uvas pasas y **canela molida**
requesón
queso crema
puré o **compota de fruta**

Tamice la harina sobre un cuenco. Si emplea harina integral, añada también el salvado que quede en el colador.

Bata el huevo, la leche y el aceite y, después, agregue poco a poco la mezcla a la harina. Remueva hasta que obtenga una masa lisa. Déjala reposar durante unos 20 minutos y, transcurrido este tiempo, vuelva a remover.

Caliente un poco de aceite en una sartén antiadherente, o rocíela con aceite en espray. Cuando el aceite esté bien caliente, añada 2 cucharadas de la mezcla de crepe y mueva la sartén para que se extienda. Cueza la crepe durante 2 minutos, hasta que la cara inferior esté ligeramente marrón y, entonces, dele la vuelta y cocine la otra cara durante más o menos 1 minuto.

Mantenga caliente la crepe en el horno mientras cuece el resto; puede ir apilando una sobre otra a medida que se hacen. La preparación debería ser suficiente para 8 crepes. Sírvalas con la guarnición que desee.

Para preparar un batido de fresa y lima como acompañamiento de las crepes, mezcle en una batidora la corteza y el jugo de 1 lima con 150 g de fresas limpias y 2 cucharaditas de miel, hasta obtener un puré tosco. Endulce a su gusto y sirva con las crepes.

piperade con pastrami

186 calorías por ración
6 raciones
tiempo de preparación
20 minutos
tiempo de cocción **25 minutos**

6 **huevos** grandes
ramitas de **tomillo**, sin hojas,
o una pizca generosa de
tomillo seco, más algunas
ramitas extra para decorar
1 cucharada de **aceite de oliva**
125 g de *pastrami*, cortado
en finas rodajas
sal y **pimienta**

para el **sofrito**
375 g de (o 3) **pimientos**
pequeños de distintos colores
1 cucharada de **aceite de oliva**
1 **cebolla**, cortada fina
2 **dientes de ajo**, majados
500 g de **tomates**, pelados,
sin semillas y troceados

Prepare el sofrito. Ase los pimientos a la plancha o cocínelos directamente sobre una llama de gas durante unos 10 minutos, dándoles la vuelta hasta que la piel esté abultada y ennegrecida.

Caliente el aceite en una sartén grande; añada la cebolla y fríala a fuego lento durante 10 minutos, hasta que esté blanda y transparente. Agregue el ajo, los tomates y los pimientos, y deje que cuezan lentamente hasta que todo el jugo de los tomates se haya evaporado. Resérvelo hasta que esté listo para servir.

Bata en un cuenco los huevos con el tomillo y sal y pimienta. Recaliente el sofrito. Caliente el aceite en una cacerola y añada los huevos sin dejar de remover, hasta que estén ligeramente revueltos. Agréguelos al sofrito recalentado, remueva para mezclar y, con una cuchara, repártalo entre los platos.

Disponga las rodajas de *pastrami* alrededor de los huevos y sírvalo inmediatamente, decorado con un poco de tomillo.

Para preparar *piperade* de huevos escalfados, haga el sofrito como se indica en la receta. Corte por la mitad 3 panecillos redondos y planos y tuéstelos por ambos lados. Reparta los panecillos entre 5 platos y, después, esparza sobre ellos el sofrito con una cuchara. Haga 6 huevos escalfados en lugar de revueltos y colóquelos sobre los panecillos. Espolvoree cada huevo con una pizca de pimentón y sírvalos, prescindiendo del *pastrami*.

magdalenas de maíz y panceta

228 calorías por magdalena
para **12 magdalenas**
tiempo de preparación
10 minutos, más tiempo
de enfriado
tiempo de cocción **20 minutos**

6 **lonchas finas de panceta
con franjas de tocino**
1 **cebolla roja** pequeña,
cortada fina
200 g de **maíz dulce congelado**
175 g de **harina de maíz fina**
125 g de **harina blanca**
2 cucharaditas de **levadura
en polvo**
50 g de **queso cheddar**, rallado
200 ml de **leche**
2 **huevos**
3 cucharadas de **aceite vegetal**

Unte ligeramente con aceite los moldes de una bandeja de
12 orificios para magdalenas. Recorte la corteza y el exceso
de grasa de la panceta y, después, córtela fina y fríala en seco
a fuego medio con la cebolla durante 3 o 4 minutos, hasta
que la panceta quede crujiente. Cocine el maíz dulce en agua
hirviendo durante 2 minutos para que se ablande.

Ponga en un cuenco la harina de maíz, la harina blanca
y la levadura en polvo y mézclelos bien. Añada el maíz dulce,
el queso, la panceta y la cebolla, y remueva bien.

Bata la leche con los huevos y el aceite, y agregue la preparación
al cuenco. Remueva con suavidad hasta que se mezcle todo
y, después, repártalo entre los moldes de la bandeja.

Hornéelo en el horno, precalentado a 220 °C, entre
15 y 20 minutos, hasta que las magdalenas estén doradas
y acaben de ponerse firmes. Despegue los bordes de
las magdalenas con un cuchillo y trasládelas a una rejilla
de horno para que se enfríen.

**Para preparar magdalenas de maíz especiado y cebollas
tiernas**, prescinda de la panceta. Prepare tal como se indica
en la receta, pero sustituya la cebolla roja por 4 cebollas
tiernas cortadas finas en rodajas redondas y añada
a la mezcla 1 cucharadita de pimentón picante y 1 guindilla
roja sin semillas y cortada fina, antes de ponerla a hornear.

scones de puré de patata

68 calorías por *scone*
12 scones
tiempo de preparación
10 minutos, más tiempo
de enfriado
tiempo de cocción
20-25 minutos

550 g de **patatas** grandes
1½ cucharaditas de **levadura
en polvo**
2 **huevos** medianos
75 ml de **leche**
aceite vegetal para freir
sal y **pimienta**

Corte las patatas en trozos pequeños y cocínelas en agua hirviendo con sal durante 15 minutos, o hasta que estén completamente tiernas. Escúrralas bien, vuelva a ponerlas en la cazuela y deshágalas hasta formar un puré liso. Deje que se enfríen un poco.

Añada la levadura en polvo y bata hasta que se mezcle; después agregue los huevos, la leche y un poco de condimento y continúe batiendo hasta que todo esté mezclado de manera uniforme.

Caliente un poco de aceite en una sartén de fondo grueso. Deje caer cucharaditas de la mezcla en la sartén, ligeramente espaciadas entre sí, y fríalas durante 3 o 4 minutos, dándoles la vuelta una vez, hasta que estén doradas.

Traslade los *scones* a un plato de servir y manténgalos calientes mientras fríe el resto de la preparación de patata. (Si prefiere hacerlos al grill, ponga cucharaditas sobre una bandeja de horno recubierta de papel de aluminio y déjelas asar bajo un grill precalentado durante 5 minutos, dándoles la vuelta una vez hacia mitad de la cocción.) Sírvalos calientes.

Para preparar *scones* de puré de patatas y judías verdes con mostaza, elabore la mezcla como se indica en la receta, añadiendo 75 g de judías verdes escaldadas y cortadas en rodajas y 1 cucharada de mostaza de grano entero antes de ponerlos a asar.

espárragos con salmón ahumado

150 calorías por ración
6 raciones
tiempo de preparación
10 minutos
tiempo de cocción **6 minutos**

200 g de **espárragos**,
  con la base recortada
3 cucharadas de **avellanas**
  troceadas gruesas
4 cucharaditas de **aceite
  de oliva**
el jugo de **1 lima**
1 cucharadita de **mostaza
  de Dijon**
12 **huevos de codorniz**
250 g de **salmón ahumado**
sal y **pimienta**

Cueza al vapor los espárragos sobre una cazuela de agua hirviendo durante 5 minutos, justo hasta que estén tiernos.

Mientras, tueste las avellanas al grill sobre un trozo de papel de aluminio hasta que queden levemente marrones. Incorpore ligeramente el aceite, el jugo de lima y la mostaza con un poco de sal y pimienta y, después, añada las avellanas y vuelva a mezclar. Manténgalo caliente.

Vierta 4 cm de agua en una cazuela y llévela a ebullición. Sumerja los huevos en el agua con una cuchara y cocínelos durante 1 minuto. Retire la cazuela del fuego y deje reposar los huevos 1 minuto. Escúrralos, vierta agua fría sobre ellos y vuelva a escurrirlos.

Corte el salmón en tiras y repártalas en seis platos de servir, doblándolas y retorciéndolas para darles mayor atractivo. Coloque los espárragos recién cocinados dentro del salmón, corte los huevos de codorniz en mitades (dejando las cáscaras, si lo prefiere) y dispóngalos sobre el salmón. Esparza por encima la salsa de avellanas y sírvalo espolvoreado con un poco de pimienta negra.

Para preparar espárragos con jamón serrano y requesón, cueza al vapor los espárragos y prepare la salsa como se indica en la receta. Reparta 18 lonchas de jamón serrano en 6 platos, de modo que cada uno tenga 3 lonchas, y vierta 2 cucharadas de requesón en el centro de cada plato. Disponga los espárragos en torno al requesón y rocíelos con la salsa. Prescinda de los huevos de codorniz y del salmón ahumado.

fardeles de calabacín y stilton

95 calorías por fardel
para **20 fardeles**
tiempo de preparación
10 minutos
tiempo de cocción **10 minutos**

1 cucharada de **aceite
de oliva**
1 **calabacín** grande, troceado
3 **huevos**
150 ml de **leche**
150 g de **harina bizcochona**,
tamizada
400 g de **judías** *flageolet*
de lata, escurridas y lavadas
un puñado de **perejil**, troceado
3 **cebollas tiernas**, en rodajas
325 g de **granos de maíz dulce**
de lata escurridos
100 g de **queso stilton**,
desmenuzado

Caliente un poco de aceite en una sartén antiadherente;
añada el calabacín y fríalo durante 3 o 4 minutos, hasta
que esté tierno y dorado.

Bata en un cuenco los huevos, la leche y la harina y, después,
añada las judías, el perejil, las cebollas tiernas, el maíz dulce,
el stilton y el calabacín frito y remueva bien.

Caliente el resto del aceite en una sartén antiadherente
y vierta cucharadas de la mezcla en la sartén. Con cuidado,
aplane cada montón con el dorso de un tenedor y fríalos
durante 1 o 2 minutos por cada lado, hasta que estén bien
dorados. Repita la operación con el resto de la mezcla
y mantenga los fardeles calientes en el horno bajo.

Cuando estén hechos todos los fardeles, sírvalos con salsa
de tomate (*véase* pág. 88).

Para preparar fardeles de espinaca y stilton, sustituya
el calabacín por 200 g de hojas pequeñas de espinaca.
Cocínelas en una sartén antiadherente, con un poco
de aceite, durante 1 o 2 minutos, hasta que pierdan la tersura.
Entonces añada los ingredientes restantes, pero sustituya
las judías blancas por un tarro de 400 g de judías blancas
y agregue una pizca generosa de nuez moscada recién
rallada. Cocínelos y sírvalos como se indica en la receta.

scones de olivas y tomates secados al sol

198 calorías por *scone*
para **8 scones**
tiempo de preparación
15 minutos, más tiempo
de enfriado
tiempo de cocción **12 minutos**

175 g de **harina de arroz**
75 g de **harina de patata**
1 cucharadita de **goma xantana**
1 cucharadita de **levadura en polvo**
1 cucharadita de **bicarbonato**
75 g de **mantequilla**, en dados
25 g de **olivas verdes sin hueso**, troceadas
4 **tomates secados al sol**, troceados
1 cucharada de **perejil** troceado
1 **huevo** grande, batido
4 cucharadas de **suero de leche**, y un poco más para untar

Ponga las harinas, la goma xantana, la levadura en polvo, el bicarbonato y la mantequilla en un robot de cocina y bátalos hasta que la preparación se asemeje a pan rallado, o mézclelas a mano en un cuenco grande.

Añada las olivas, los tomates y el perejil y vuelva a mezclar. Después, agregue el huevo y el suero de leche y, con la hoja de un cuchillo, remueva hasta que la mezcla quede espesa y compacta.

Vuelque la masa sobre una superficie ligeramente espolvoreada con harina y, con cuidado, presiónela hacia abajo hasta que tenga un grosor de 2,5 cm. Utilice un cortador de formas para recortar los lados de los *scones*.

Colóquelos sobre una bandeja de hornear, úntelos con suero de leche con un pincel y hornéelos en el horno, precalentado a 220 °C, durante unos 12 minutos, hasta que hayan subido y estén dorados. Retire los *scones* del horno y trasládelos a una rejilla para que se enfríen.

Para preparar *scones* de jamón y queso, prepare la mezcla como se indica en la receta, pero sustituya las olivas verdes por 25 g de jamón dulce toscamente cortado. Añada a la preparación 2 cucharadas de queso parmesano recién rallado antes de incorporar en ella el huevo y el suero de leche.

40

almuerzos ligeros

sopa de lentejas y guisantes

141 calorías por ración
4 raciones
tiempo de preparación
10 minutos
tiempo de cocción **2 horas**

1 cucharadita de **aceite de oliva**
1 **puerro**, cortado
  en rodajas finas
1 **diente de ajo**, majado
una lata de 400 g de **lentejas
  de Puy**, escurridas
2 cucharadas de **crema fresca**
1 cucharada de **menta** troceada
pimienta

para el **caldo vegetal**
1 cucharada de **aceite de oliva**
1 **cebolla**, troceada
1 **zanahoria**, troceada
4 **tallos de apio**, troceados
cualquier **recorte de hortalizas**,
  como la parte superior del apio,
  capas externas de cebolla
  y pieles de tomate
1 *bouquet garni*
1,3 litros de **agua**
sal y pimienta

Para preparar el caldo, caliente el aceite en una cacerola
grande, añada las hortalizas y fríalas durante 2 o 3 minutos.
Después, agregue los recortes de hortalizas y el *bouquet
garni* y condimente bien. Vierta el agua y, cuando alcance
el punto de ebullición, deje que se haga a fuego lento durante
1 hora y 30 minutos. Para entonces, el caldo debería haberse
reducido a 900 ml. Viértalo en un cuenco, deseche las
hortalizas y reserve el caldo.

Caliente el aceite en una cacerola mediana; añada el puerro
y el ajo y fríalos a fuego lento durante 5 o 6 minutos, hasta
que el puerro se haya ablandado.

Agregue las lentejas, el caldo y las hierbas aromáticas; llévelo
de nuevo hasta el punto de ebullición y deje que se cocine
a fuego lento durante 10 minutos. Añada los guisantes y deje
que hierva otros 5 minutos.

Ponga la mitad de la sopa en una batidora o un robot de cocina
y bátala hasta que adquiera una textura uniforme. Vuelva a
verterla en la cacerola; remueva para que se mezcle con la sopa
sin licuar y, después, deje que se caliente bien y condiméntela
con abundante pimienta.

Mezcle la crema fresca y la menta y corone con ellas cada
cuenco de sopa.

Para preparar sopa de jamón y legumbres, añada a la sopa
un pedazo de jamón cocido de 200 g cuando vierta el caldo.
Cocínela como se indica en la receta, pero, antes de licuar
la sopa, trocee el jamón. Bata la mitad del jamón con la mitad
de la sopa y, después vuelva a verter la mezcla en la cacerola.
Añada el resto del jamón troceado, remueva bien, deje que
se caliente y complete como se indica en la receta.

gazpacho frío

135 calorías por ración
6 raciones
tiempo de preparación
20 minutos, más tiempo
de refrigerado

875 g de **tomates**, pelados
y troceados gruesos
½ **pepino**, troceado grueso
2 **pimientos rojos**, sin semillas
y troceados gruesos
1 tallo de **apio**, troceado
2 **dientes de ajo**, troceados
½ **guindilla roja**, sin semillas
y en rodajas
un puñado pequeño de **cilantro**
o **perejil**, y un poco más para
decorar
2 cucharadas de **vinagre de vino
blanco**
2 cucharadas de **pasta
de tomates secados al sol**
4 cucharadas de **aceite de oliva**
sal

para **servir**
cubitos de hielo
huevo duro, troceado fino
un poco de **pepino, pimiento
y cebolla**, troceados finos

Mezcle en un cuenco grande las hortalizas, el ajo, la guindilla
y el cilantro.

Añada el vinagre, la pasta de tomate, el aceite y un poco
de sal. Bata por tandas en un robot de cocina o una batidora
hasta que quede una preparación uniforme, y rebañe la mezcla
pegada a las paredes del recipiente, si es necesario.

Vierta la preparación en un cuenco limpio y compruebe
la condimentación, añadiendo un poco más de sal si es
necesario. Déjelo enfriar en el frigorífico durante 24 horas.

Para servir, reparta el gazpacho con un cucharón en cuencos
grandes; ponga algunos cubitos de hielo y adorne con
perejil o cilantro troceados y un poco de huevo duro, pepino,
pimiento y cebolla picados, si lo desea.

Para preparar gazpacho frío de cuscús, elabore la mezcla
como se indica en la receta, pero omita los pimientos
rojos y la guindilla. Ponga en un cuenco 50 g de cuscús
y vierta sobre él el agua suficiente para que la superficie
del cuscús ascienda 1 cm. Cubra el cuenco con film
transparente adherente y resérvelo durante 10 minutos.
Destápelo, rompa el cuscús con un tenedor y deje que
se enfríe hasta alcanzar la temperatura ambiente. Añada
la mezcla de hortalizas y remueva bien justo antes de
servirlo con las hierbas aromáticas troceadas y un poco
de *harissa* a un lado. Prescinda del hielo y las guarniciones.

sopa de boniato y col

160 calorías por ración
4 raciones
tiempo de preparación
  15 minutos
tiempo de cocción **25 minutos**

2 **cebollas**, troceadas
2 **dientes de ajo**, laminados
4 **lonchas finas de beicon
   magro**, troceadas
500 g de **boniatos**, troceados
2 **nabos**, troceados
1 cucharadita de **tomillo**
   troceado
900 ml de **caldo vegetal**
   (*véase* pág. 44)
1 **col rizada pequeña**,
   cortada muy fina

Ponga las cebollas, el ajo y el beicon en una cacerola grande y fríalos durante 2 o 3 minutos.

Añada los boniatos, los nabos, el tomillo y el caldo y, cuando llegue al punto de ebullición, deje que se cueza a fuego lento durante 15 minutos.

Vierta dos tercios de la sopa en una licuadora o un robot de cocina y bátalos hasta obtener una mezcla uniforme. Viértalos de nuevo en la cacerola; añada la col y deje que hierva a fuego lento de 5 a 7 minutos, justo hasta que la col esté cocida. Sírvala con pan de soda irlandés.

Para preparar sopa de calabaza y brécol, siga las instrucciones de la receta, pero sustituya los boniatos por 500 g de calabaza moscada troceada. Después de poner la sopa en la cazuela, añada 100 g de brécol, separado en pequeños ramitos. Cocínela como se indica en la receta, pero prescinda de la col.

sopa de panceta y judías blancas

136 calorías por ración
4 raciones
tiempo de preparación
5 minutos
tiempo de cocción **15 minutos**

1 cucharadita de **aceite de oliva**
2 **lonchas finas de panceta
ahumada**, troceadas
2 **dientes de ajo**, majados
1 **cebolla**, troceada
unas pocas ramitas de **tomillo**
o **tomillo serpol**
2 latas de 400 g de **judías
blancas**, escurridas y lavadas
900 ml de **caldo vegetal**
(*véase* pág. 44)
2 cucharadas de **perejil** troceado
pimienta

Caliente el aceite en una cacerola grande; después, añada
la panceta, el ajo y la cebolla, y fríalos durante 3 o 4 minutos,
hasta que la panceta comience a dorarse y la cebolla se ablande.

Añada el tomillo y continúe friendo durante 1 minuto.
Entonces, agregue a la cazuela las judías y el caldo y, cuando
llegue al punto de ebullición, deje que se cueza a fuego lento
durante 10 minutos.

Vierta la sopa en una licuadora o un robot de cocina y bátala
con el perejil y la pimienta hasta que quede una mezcla lisa.

Vuelva a verterla en la cacerola; deje que se caliente bien
y sírvala con pan fresco.

Para preparar picatostes con hierbas aromáticas,
como acompañamiento de la sopa, mezcle 2 cucharadas
de albahaca y la misma cantidad de perejil, ambos troceados,
e incorpórelos en un cuenco con 1 diente de ajo majado,
una pizca de guindilla majada y 1 cucharada de aceite
de oliva virgen extra. Tueste 8 rebanadas finas de baguete
y úntelas con la preparación de hierbas justo antes de servir.

sopa de *miso* con gambas

57 calorías por ración
6 raciones
tiempo de preparación
10 minutos
tiempo de cocción **7-8 minutos**

4 **cebollas tiernas** o **puerros
   pequeños**, cortados
   en rodajas finas
un trozo de **jengibre fresco**,
   troceado fino
½ o 1 **guindilla roja**, sin semillas
   y cortada en rodajas finas
   (al gusto)
1,5 litros de **caldo de pescado**
   o **vegetal** (*véase* pág. 44)
3 cucharadas de **miso
   refrigerado**
2 cucharadas de ***mirin***
   (vino japonés para cocinar)
1 cucharada de **salsa de soja**
100 g de ***pak choi***, cortado
   en rodajas finas
2 cucharadas de **cilantro**
   troceado
150 g de **gambas hervidas
   congeladas**, previamente
   descongeladas y lavadas.

Ponga las partes blancas de las cebollas tiernas o los puerros en una cacerola con el jengibre, la guindilla en rodajas y el caldo.

Añada el *miso*, el *mirin* y la salsa de soja; remueva y cuézalo a fuego lento durante 5 minutos.

Agregue las partes verdes de las cebollas tiernas o los puerros, el *pak choi*, el cilantro y las gambas, y cocínelos durante 2 o 3 minutos, o justo hasta que el *pak choi* haya perdido su tersura. Con un cucharón, reparta la sopa entre los cuencos y sírvala.

Para preparar sopa de *miso* vegetariana, elabore la sopa como se indica en la receta. Cuando añada el *pak choi*, agregue también 1 zanahoria grande, cortada en palitos finos, y 50 g de brotes de soja. Cocínelo como se indica en la receta durante 2 o 3 minutos. Prescinda de las gambas.

riñones salteados con marsala

303 calorías por ración
6 raciones
tiempo de preparación
20 minutos
tiempo de cocción
20-23 minutos

25 g de **mantequilla**
1 cucharada de **aceite de oliva**
1 **cebolla**, cortada fina
10 **riñones de cordero**,
  sin el centro y cortados
375 g de **tomates cereza**,
  cortados por la mitad
1 cucharadita de **mostaza**
  de Dijon
1 cucharadita de **puré**
  de tomate
200 ml de **marsala**
8 **lonchas finas de panceta**
  con franjas de tocino
50 g de **roqueta silvestre**
4 cucharaditas de **vinagre**
  balsámico
3 rebanadas de **pan integral**
sal y **pimienta**

Caliente la mantequilla y el aceite en una sartén; añada la cebolla y fríala durante 5 minutos, hasta que esté blanda y ligeramente dorada. Agregue los riñones y fríalos a fuego fuerte durante 3 minutos, hasta que adquieran un color marrón.

Añada los tomates y cocínelos durante 2 minutos; después incorpore la mostaza, el puré de tomate, el marsala y sal y pimienta. Cocínelos durante 2 o 3 minutos, sin dejar de remover, hasta que la salsa se haya reducido ligeramente y los riñones estén cocinados. Cúbralo con una tapa y manténgalo caliente.

Enrolle la panceta en 8 broquetas de metal y áselasa al grill de 8 a10 minutos, hasta que esté crujiente. Añada vinagre a la roqueta. Tueste el pan y corte cada rebanada por la mitad.

Disponga las tostadas en platos de servir; recaliente los riñones, si es necesario y, con una cuchara, póngalos sobre las tostadas. Deslizándolas, retire las broquetas de la panceta y dispóngala de manera decorativa sobre los riñones. Coloque la ensalada de roqueta al lado y sirva enseguida.

Para preparar tiras de ternera con marsala, sustituya los riñones por 500 g de filetes de vacuno magros y córtelos en tiras finas. Cocine la carne con los ingredientes que figuran en la receta hasta (e incluido) el marsala; después, retire la sartén del fuego, añada la roqueta, el vinagre balsámico y 50 g de piñones tostados, y remueva bien. Ponga la sartén a un lado hasta que la roqueta pierda su tersura. Prescinda de la panceta y las tostadas, y sirva.

ternera a la pimienta con hojas de ensalada

148 calorías por ración
6 raciones
tiempo de preparación
20 minutos
tiempo de cocción **3-5 minutos**

2 **filetes gruesos de solomillo,** unos 500 g en total
3 cucharaditas de **pimienta en grano de color,** machacada gruesa
copos de sal basta
200 g de **yogur natural**
1 o 1½ cucharaditas de **salsa de rábano picante** (al gusto)
1 **diente de ajo,** majado
150 g de **hojas de ensalada mixtas**
100 g de **champiñones,** cortados en láminas
1 **cebolla roja,** en rodajas finas
1 cucharada de **aceite de oliva**
sal y **pimienta**

Recorte la grasa de los filetes y frote la carne con la pimienta en grano machacada y los copos de sal.

Mezcle el yogur, la salsa de rábano picante y el ajo, y salpimente al gusto. Añada las hojas de ensalada, los champiñones y la mayor parte de la cebolla roja y remueva con suavidad.

Caliente el aceite en una sartén; agregue los filetes y fríalos a fuego fuerte durante 2 minutos, hasta que se doren. Deles la vuelta y fríalos durante otros 2 minutos, si los desea poco hechos; 3 o 4 minutos, si los desea medianamente hechos, o 5 minutos si le gustan bien hechos.

Disponga las hojas de ensalada en el centro de seis platos de servir. Corte los filetes en lonchas finas y colóquelas sobre las hojas; después, decore con el resto de la cebolla roja.

Para preparar ternera al limón con salsa de mostaza, recorte los filetes y condiméntelos con sal y pimienta negra molida. Prepare la ensalada como se indica en la receta, pero sustituya el yogur por 200 g de crema fresca y utilice 2 cucharadas de mostaza de grano entero en lugar de la salsa de rábano picante. Cocine los filetes como se indica en la receta y agregue el jugo de ½ limón a la sartén después de retirarla del fuego. Dé la vuelta a los filetes en el jugo un par de veces y, después, sírvalos como se indica en la receta.

hamburguesas de pollo y salsa de tomate

135 calorías por ración

4 raciones

tiempo de preparación
15 minutos, más tiempo
de refrigerado

tiempo de cocción **10 minutos**

1 **diente de ajo**, majado

3 **cebollas tiernas**, en rodajas
finas

1 cucharada de **pesto**

2 cucharadas de **hierbas
aromáticas**, tales como perejil,
estragón y tomillo, troceados

375 g de **carne de pollo picada**

2 **tomates secados al sol**,
cortados finos

1 cucharadita de **aceite de oliva**

para la **salsa de tomate**

250 g de **tomates cereza**,
cortados en cuartos

1 **guindilla roja**, sin semillas
y cortada fina

1 cucharada de **cilantro
troceado**

la ralladura y el jugo de **1 limón**

Mezcle todos los ingredientes de las hamburguesas, excepto el aceite. Divida la mezcla en cuatro y forme con ella hamburguesas. Tápelas y déjelas enfriar en el frigorífico durante 30 minutos.

Incorpore en un cuenco todos los ingredientes de la salsa.

Unte las hamburguesas con aceite con la ayuda de un pincel y cocínelas bajo el grill fuerte o en una barbacoa durante 3 o 4 minutos por cada lado, hasta que estén cocidas por dentro.

Sirva cada hamburguesa en un panecillo redondo, con salsa de tomate y hojas de ensalada.

Para preparar hamburguesas de cordero con salsa de menta y yogur, cocine las hamburguesas como se indica en la receta, pero sustituya la carne de pollo por 375 g de carne picada de cordero magra. En lugar de la salsa de tomate, prepare una salsa mezclando 5 cucharadas de yogur natural, 1 guindilla roja sin semillas y cortada fina, 1 cucharada de menta troceada gruesa y una pizca generosa de comino molido.

vieiras al jengibre con espárragos

248 calorías por ración
4 raciones
tiempo de preparación
10 minutos, más tiempo
de marinado
tiempo de cocción **10 minutos**

12 **vieiras** frescas
2 **cebollas tiernas**, en rodajas
finas
la ralladura de **1 lima**
1 cucharada de **licor**
de jengibre
2 cucharadas de **aceite de oliva**
virgen extra, y un poco más
para rociar
250 g de **puntas de espárrago**
el jugo de ½ **lima**
hojas de ensalada mixtas
sal y **pimienta**
ramitas de perifollo,
para decorar

Lave las vieiras y séquelas con cuidado con un paño de cocina. Corte cada una por la mitad y ponga los pedazos en un cuenco.

Mezcle las cebollas tiernas, la ralladura de lima, el licor de jengibre y la mitad del aceite. Condimente al gusto y vierta esta salsa sobre las vieiras. Póngalas a un lado a marinar durante 15 minutos.

Mientras, cueza al vapor las puntas de espárrago de 5 a 8 minutos, hasta que estén tiernas. Remuévalas con el resto del aceite y el jugo de lima, condiméntelas al gusto y manténgalas calientes.

Ponga en el fuego una sartén grande antiadherente hasta que esté bien caliente. Entonces, agregue las vieiras y fríalas durante 1 minuto por cada lado, hasta que se doren y acaben de hacerse por dentro. Añada los jugos marinados.

Disponga las puntas de espárrago, las hojas de ensalada y las ramitas de perifollo en platos con las vieiras y el jugo de la sartén, y sirva.

Para preparar vieiras con jamón serrano, lave y corte las vieiras; después, marínelas en 2 dientes de ajo majados, la ralladura de lima y el aceite, pero prescinda de las cebollas tiernas y el licor de jengibre. Mientras, ase 6 lonchas de jamón serrano bajo el grill fuerte durante 2 o 3 minutos, hasta que estén doradas y crujientes. Deje que se enfríen y, después, rompa el jamón en trozos grandes. Cocine las vieiras como se indica en la receta y sírvalas con el jamón y los ingredientes restantes. Prescinda de los espárragos.

pasteles de cangrejo y cilantro

185 calorías por ración
6 raciones
tiempo de preparación
 25-30 minutos
tiempo de cocción **10 minutos**

375 g de **carne de cangrejo
 en lata**, escurrida
250 g de **puré de patata frío**
2 cucharadas de **cilantro**
 troceado
1 manojo de **cebollas tiernas**,
 cortadas finas
la ralladura y el jugo de **½ limón**
2 **huevos**, batidos
harina, para rebozar
150 g de **pan blanco recién
 rallado**
1 cucharada de **aceite**

Mezcle en un cuenco grande la carne de cangrejo,
el puré de patata, el cilantro, las cebollas tiernas, la ralladura
y el jugo de limón y la mitad del huevo batido para ligar.

Forme con la mezcla 12 pasteles de más o menos 1 cm
de grosor. Rebócelos en harina, después en el resto del huevo
batido y, para finalizar, en el pan rallado.

Caliente el aceite en una sartén antiadherente y fría
los pasteles durante unos 10 minutos; deles la vuelta
una o dos veces, hasta que estén dorados.

Escúrralos en papel de cocina antes de servir. Sírvalos
con una salsa de guindilla roja dulce o con salsa de tomate
(*véase* pág 88).

Para preparar pasteles de salmón y eneldo, elabore
los pasteles de pescado tal como se indica en la receta,
pero sustituya el cangrejo por 375 g de salmón en lata
y el cilantro por 2 cucharadas de eneldo troceado.
Añada a la mezcla 2 cucharadas de alcaparras troceadas
antes de darle forma, rebozarla y freírla como se indica
en la receta. Sírvalos con crema agria.

sardinas con ajo y perejil

180 calorías por ración
6 raciones
tiempo de preparación
   10 minutos, más tiempo
   de refrigerado (opcional)
tiempo de cocción **5 minutos**

12 **sardinas frescas**, limpias,
   o utilice filetes si lo prefiere

para el **marinado**
50 g de **perejil** troceado
1 cucharadita **de pimienta
   negra** recién molida
1 **diente de ajo**, majado
la ralladura y el jugo de **1 limón**
2 cucharadas de **vino blanco**
1 cucharada de **aceite de oliva**

Ponga todos los ingredientes para la marinada en una cacerola pequeña. Colóquela en el fuego y, cuando empiece a hervir, retírela.

Cocine las sardinas en una barbacoa preparada, en una plancha precalentada o bajo un grill fuerte. Áselas durante 1 o 2 minutos por cada lado, hasta que estén crujientes y doradas.

Disponga las sardinas formando una sola capa en una fuente llana. Vierta sobre ellas la salsa y sírvalas calientes. O, si lo prefiere, tápelas y refrigérelas durante al menos 1 hora antes de servirlas frías con *tabouleh* y una ensalada de hojas verdes variadas, si lo desea.

Para preparar sardinas con *harissa* y almendras, mezcle en un cuenco los ingredientes para la marinada, pero sustituya el vino blanco por 1 cucharada y media de pasta de *harissa*. Cocine las sardinas como se indica en la receta; dispóngalas en una fuente llana y, después, vierta por encima con una cuchara la marinada preparada. Tape y refrigere durante al menos 1 hora; vaya dando vueltas a las sardinas de vez en cuando en la marinada. Esparza por encima 2 cucharadas de almendras laminadas tostadas y sírvalas como se indica en la receta.

envolturas de lechuga con centollo

50 calorías por ración
4 raciones
tiempo de preparación
30 minutos

1 **centollo fresco hervido**,
de unos 500 g, limpio
4 **hojas** pequeñas **de lechuga
iceberg**
sal y **pimienta**

Aderezo de pepino
¼ **de pepino**, en pequeños
dados
3 **cebollas tiernas**,
cortadas finas
½ **guindilla roja** grande, sin
semillas, en rodajas finas
2 cucharadas de **vinagre de vino
blanco**
1 cucharadita de **salsa de soja
clara**
1 cucharadita de **azúcar
de lustre**
4 cucharaditas de **menta**
o **cilantro** troceados finos

Prepare el aderezo; para ello, mezcle todos los ingredientes en un cuenco con un poco de sal y pimienta.

Tuerza y arranque las dos pinzas grandes y las patas del centollo y resérvelas. Con el centollo boca arriba, extraiga los esponjosos pulmones con forma de bola. Compruebe que ha retirado el pequeño saco y toda la materia verde y, después, extraiga con una cuchara la carne marrón y la piel de debajo del caparazón y póngala en un plato. Rompa la carne del centollo con una cuchara.

Introduzca las pinzas del centollo en una bolsa de plástico y golpéelas una o dos veces con un rodillo para romper el caparazón. Después, trabajando primero una pinza y luego la otra, abra el caparazón y saque la carne blanca con un cuchillo pequeño y una broqueta. Añádala a la carne marrón del cuerpo del centollo.

Cuando esté listo para servir, ponga la carne de centollo dentro de las hojas de lechuga y corónela con cucharadas del aderezo de pepino. Enróllelas y cómalas con los dedos.

Para preparar envolturas de lechuga con ternera, elabore el aderezo como se indica en la receta. Prescinda del centollo y marine un filete de solomillo de 300 g en 1 cucharada de pasta de curry roja tailandesa durante 30 minutos. Caliente 2 cucharaditas de aceite de cacahuete en una sartén antiadherente. Con un pincel o papel de cocina, retire la marinada del filete y fríalo durante 1 minuto por cada lado, hasta que se dore. Entonces córtelo en lonchas finas. Remueva la carne con el aderezo y, con una cuchara, ponga la mezcla dentro de las hojas de lechuga.

langostinos con panceta

187 calorías por ración
4 raciones
tiempo de preparación
5 minutos
tiempo de cocción **10 minutos**

1 cucharadita de **aceite de oliva**
15 g de **mantequilla sin sal**
50 g de **panceta**, o **beicon
ahumado**, troceada fina
500 g de **langostinos crudos
pelados**
la ralladura y el jugo de **1 limón**
1 manojo grande de **berros**

Caliente el aceite y la mantequilla en una sartén grande; añada la panceta o el beicon ahumado y fríalo durante 3 o 4 minutos, hasta que esté crujiente.

Agregue los langostinos y fríalos durante 1 minuto por cada lado. Esparza por encima la ralladura y el jugo de limón y siga friendo durante 1 minuto más. Entonces, incorpore los berros y mezcle bien.

Sírvalo solo como pequeño almuerzo, o con patatas o pasta como comida principal.

Para preparar langostinos y chorizo con roqueta, omita el aceite de oliva, la mantequilla y la panceta. Corte en rodajas finas 50 g de chorizo y fríalo en seco a fuego lento en una sartén antiadherente grande hasta que esté crujiente y haya liberado algo de su jugo. Suba el fuego, añada los langostinos, remueva y complete como se indica en la receta. Sustituya los berros por 100 g de roqueta silvestre.

paquetes de pescado con guindilla y cilantro

127 calorías por ración
1 ración
tiempo de preparación
15 minutos, más tiempo
de marinado y refrigerado
tiempo de cocción **15 minutos**

1 filete de 125 g **de bacalao, abadejo** o **eglefino**
2 cucharaditas de **jugo de limón**
1 cucharada de **hojas de cilantro fresco**
1 **diente de ajo**
1 **guindilla roja**, sin semillas y troceada
¼ de cucharadita de **azúcar**
2 cucharaditas de **yogur natural**

Coloque el pescado en una fuente no metálica y rocíelo con el jugo de limón. Tápelo y déjelo marinar en el frigorífico de 15 a 20 minutos.

Ponga el cilantro, el ajo y la guindilla en un robot de cocina o una batidora y procéselos hasta que la mezcla forme una pasta. Añada el azúcar y el yogur y vuelva a accionar la máquina hasta que se mezclen.

Coloque el pescado sobre papel de aluminio. Rebócelo por ambos lados con la pasta. Ponga holgadamente los lados del papel de aluminio hacia arriba y doble los bordes para cerrarlo. Vuelva a introducirlo en el frigorífico durante al menos 1 hora.

Coloque el paquete en una bandeja de horno y áselo en un horno, precalentado a 200 °C, durante unos 15 minutos, justo hasta que el pescado esté cocido.

Para preparar paquetes de pescado con cebollas tiernas y jengibre, coloque el filete de pescado sobre papel de aluminio. Prescinda de la marinada de la receta. Mezcle 1 cucharadita de jengibre troceado y 2 cebollas tiernas cortadas finas con una pizca de azúcar de lustre y el jugo y la ralladura de ½ lima. Unte la preparación por todo el pescado y, después, ciérrelo y ponga el paquete a marinar como se indica en la receta durante 30 minutos. Áselo tal como describe la receta.

rollos orientales de cangrejo y fideos

199 calorías por ración
4 raciones
tiempo de preparación
  15 minutos, más tiempo
  de reposo
tiempo de cocción **5 minutos**

200 g de **fideos de arroz**
1 manojo de **cebollas tiernas**,
  cortadas finas
un trozo de **raíz de jengibre
  fresca** de 1,5 cm, rallado
1 **diente de ajo**, cortado
  en rodajas finas
1 **guindilla roja**, cortada fina
2 cucharadas de **cilantro**
  troceado
1 cucharada de **menta** troceada
¼ de **pepino**, cortado
  en bastones finos
2 latas de 175 g de **carne
  de cangrejo**, escurrida,
  o 300 g de **carne
  de cangrejo blanca fresca**
1 cucharada de **aceite
  de sésamo**
1 cucharada de **salsa
  de guindilla dulce**
1 cucharadita de **salsa
  de pescado tailandesa**
16 **crepes chinas** o **envolturas
  de papel de arroz vietnamitas**

Cocine los fideos de arroz siguiendo las instrucciones
del paquete. Escúrralos y, después, enfríelos bajo el grifo.

Mezcle en un cuenco grande todos los demás ingredientes,
excepto las crepes o envolturas de papel de arroz. Tápelo
y reserve durante 10 minutos para permitir que los sabores se
desarrollen y, después, ponga la mezcla en una fuente de servir.

Para servir, deje que los comensales tomen una crepe
o una envoltura de papel de arroz, le añadan un poco
de cangrejo y mezcla de fideos, la enrollen y disfruten.

Para preparar rollos de gambas y cacahuetes,

elabore la preparación como se indica en la receta,
pero sustituya el cangrejo por 200 g de gambas pequeñas
hervidas y añada 2 cucharadas de cacahuetes troceados.
Agregue el jugo de 1 lima, remueva bien y envuelva la mezcla
como se indica en la receta.

rollos de pimiento rojo y feta con aceitunas

146 calorías por ración
4 raciones
tiempo de preparación
10 minutos, más tiempo
de enfriado
tiempo de cocción **10 minutos**

2 **pimientos rojos**, sin corazón y
semillas y cortados en cuartos
a lo largo
100 g de **queso feta**, cortado
fino o desmenuzado
16 **hojas de albahaca**
16 **aceitunas negras**, sin hueso
y cortadas por la mitad
15 g de **piñones**, tostados
1 cucharada de **pesto**
1 cucharada de **vinagreta**
sin aceite

Coloque los pimientos cortados con la piel hacia arriba
en una bandeja de horno y áselos bajo el grill fuerte durante
7 u 8 minutos, hasta que la piel se ennegrezca. Retire
los pimientos e introdúzcalos en una bolsa de plástico.
Ciérrela doblando los bordes superiores y déjelos enfriar
durante 20 minutos; entonces, retire las pieles.

Ponga los cuartos de pimiento pelados sobre una tabla
y apile sobre cada uno de ellos capas de feta, hojas de albahaca,
aceitunas y piñones.

Con cuidado, enrolle los pimientos y únalos con un palillo
de cóctel. Ponga dos rollos de pimiento en cada plato de servir.

Bata el pesto y la vinagreta en un cuenco pequeño y rocíe
los rollos de pimiento. Sírvalos con roqueta y un poco de pan
fresco para mojar en el jugo.

**Para preparar rollos de pimiento rojo con requesón
y tomates secados al sol**, ponga al grill y pele los pimientos
como se indica en la receta. Mezcle 5 tomates secados al sol
troceados y 100 g de requesón, la albahaca y los piñones.
Omita el queso feta y las aceitunas negras. Salpimiente
y rellene los cuartos de pimiento. Enróllelos y sírvalos como
se indica en la receta.

pisto

90 calorías por ración
6 raciones
tiempo de preparación
20 minutos
tiempo de cocción **40 minutos**

750 g de **berenjenas**
1 **cebolla** grande
1 cucharada de **aceite de oliva**
2 **tallos de apio**, troceados
   gruesos
un poco de **vino** (opcional)
2 **tomates corazón de buey**,
   pelados y sin semillas
1 cucharadita de **tomillo**
   troceado
entre ¼ y ½ cucharadita
   de **pimienta de Cayena**
2 cucharadas de **alcaparras**
un puñado de **aceitunas verdes
   sin hueso**
4 cucharadas de **vinagre
   de vino blanco**
1 cucharada de **azúcar**
1 o 2 cucharadas de **cacao
   en polvo** (opcional)
pimienta negra recién molida

para **decorar**
almendras tostadas, troceadas
perejil troceado

Corte las berenjenas y la cebolla en pedazos de 1 cm.

Ponga al fuego el aceite en una sartén antiadherente hasta
que esté muy caliente; añada la berenjena y fríala durante
unos 15 minutos, hasta que esté muy blanda. Agregue un poco
de agua hirviendo para evitar que se pegue, si es necesario.

Mientras, ponga la cebolla y el apio en una cacerola
con un poco de agua o vino. Cocínelas durante 5 minutos,
hasta que estén blandas, pero todavía firmes.

Añada los tomates, el tomillo, la pimienta de Cayena y las
berenjenas. Cuézalos durante 15 minutos, removiendo de
vez en cuando. Agregue las alcaparras, las aceitunas, el vinagre
de vino, el azúcar y el cacao en polvo (si lo usa), y cocínelo
durante 2 o 3 minutos.

Condiméntelo con pimienta y sírvalo decorado con almendras
y perejil. Sírvalo caliente o frío como guarnición, entrante o plato
principal, con polenta y pan fresco, si lo desea.

Para preparar pisto de pimientos rojos y patatas,
prescinda de las berenjenas, el tomillo y el cacao en polvo.
Ponga al grill; pele 2 pimientos rojos y la misma cantidad
de pimientos amarillos, siguiendo el método descrito en
la página 74. Cocine las cebollas y el apio como se indica
en la receta y, después, prosiga con el resto del plato,
añadiendo los pimientos pelados y 500 g de patatas
nuevas cocidas y cortadas por la mitad en lugar de
las berenjenas.

frittata de calabacín con menta

200 calorías por ración
6 raciones
tiempo de preparación
10 minutos
tiempo de cocción
unos 30 minutos

1 cucharada de **aceite de oliva**
1 **cebolla**, cortada fina
2 **calabacines**, unos 375 g
en total, cortados por
la mitad a lo largo y,
después, en rodajas finas
6 **huevos**
300 ml de **leche**
3 cucharadas de **queso
parmesano** rallado
2 cucharadas de **menta**,
y algunas hojas más
para decorar (opcional)
sal y **pimienta**

para la **salsa de tomate**
1 cucharada de **aceite de oliva**
1 **cebolla**, cortada fina
1 o 2 **dientes de ajo**, majados
(opcional)
500 g de **tomates pera**,
troceados

Prepare la salsa. Caliente el aceite en una cacerola; añada la cebolla y fríala durante 5 minutos, removiendo de vez en cuando, hasta que esté blanda y empiece a dorarse. Agregue el ajo (si lo usa) y los tomates y salpimiente. Remueva y cocine a fuego lento durante 5 minutos, hasta que los tomates estén blandos. Bata la mezcla en una batidora o un robot de cocina hasta que se forme un puré liso; cuélela sobre un cuenco y manténgala caliente.

Caliente el aceite en una sartén, añada la cebolla y fríala hasta que empiece a dorarse. Incorpore los calabacines, remueva y cueza durante 3 o 4 minutos, hasta que estén blandos.

Bata los huevos, la leche, el parmesano y la menta y, después, añada los calabacines y remueva. Condimente bien y vierta la mezcla en los moldes de una bandeja de hornear de 12 orificios para magdalenas, previamente engrasados con aceite. Hornee en el horno, precalentado a 190 °C, durante unos 15 minutos, hasta que estén ligeramente tostadas, hayan subido bien y la mezcla de huevo se haya cuajado.

Saque la bandeja del horno y déjela reposar durante 1 o 2 minutos; después, despegue los bordes con un cuchillo. Saque las *frittate* y dispóngalas en platos con la salsa de tomate caliente.

Para preparar *frittata* de roqueta con ajo, elabore la salsa de tomate para servir como indica la receta. Para las *frittate*, prescinda de los calabacines. Fría las cebollas como se indica en la receta y, después, añada 2 dientes de ajo majados; remueva durante 1 minuto y retírelo del fuego. Bata los huevos, la leche y el parmesano, como se indica en la receta, pero sustituya la menta por 75 g de roqueta troceada. Incorpore las cebollas, remueva y hornee.

suflés de queso de cabra y hierbas aromáticas

277 calorías por suflé
4 raciones
tiempo de preparación
10 minutos
tiempo de cocción **15 minutos**

25 g de **margarina**
50 g de **harina**
300 ml de **leche**
4 **huevos**, separadas
las claras de las yemas
100 g de **queso de cabra**,
desmenuzado
1 cucharada de **hierbas**
aromáticas variadas, tales
como perejil, cebollinos
y tomillo, troceadas
1 cucharada de **queso**
parmesano recién rallado
75 g de **roqueta**
2 cucharadas de **aderezo**
de ensalada sin grasa
sal y **pimienta**

Derrita la margarina en una cacerola mediana; añada la harina y cocínela, sin dejar de remover, durante 1 minuto. Poco a poco, vaya vertiendo la leche, sin dejar de batir, y cuézala durante 2 minutos, hasta que se espese.

Retire la cacerola del fuego. Agregue las yemas de huevo, de una en una, y bata. Después, añada el queso de cabra y remueva para mezclar. Condimente bien.

Bata las claras de huevo a punto de nieve en un cuenco grande hasta que formen picos firmes y, después, poco a poco, incorpórelas a la mezcla del queso, junto con las hierbas aromáticas. Distribuya la preparación en cuatro ramequines ligeramente untados de aceite, esparza por encima el parmesano y hornéelos en el horno, precalentado a 190 °C de 10 a 12 minutos, hasta que hayan subido y estén dorados.

Mezcle la roqueta y el aderezo y sírvalos con los suflés.

Para preparar suflé de gruyer y mostaza, cocine la harina en la margarina como se indica en la receta; añada 2 cucharaditas de mostaza inglesa en polvo y mezcle bien. Complete como se indica en la receta, pero sustituya el queso de cabra por 75 g de queso gruyer rallado y prescinda del parmesano.

pimientos asados con *tapenade*

332 calorías por ración
4 raciones
tiempo de preparación
20 minutos
tiempo de cocción **45 minutos**

4 **pimientos rojos**, cortados
   por la mitad y sin semillas
3 cucharadas de **aceite de oliva
   virgen extra**
100 g de **aceitunas negras
   sin hueso**
2 **dientes de ajo**, troceados
   gruesos
1 cucharada de **orégano**
   troceado
4 cucharadas de **pasta
   de tomates secados al sol**
250 g de **tofu**
200 g de **tomates cereza**,
   cortados por la mitad
perejil troceado, para servir
sal y **pimienta**

Ponga los pimientos en una bandeja de asar con las caras cortadas hacia arriba, rocíelos con 1 cucharada de aceite y salpimiéntelos. Áselos en un horno, precalentado a 200 °C, de 25 a 30 minutos, hasta que estén ligeramente dorados.

Para preparar la *tapenade*, ponga las aceitunas, el ajo, el orégano, la pasta de tomate y el resto del aceite de oliva en un robot de cocina o una batidora. Bátalos hasta que se forme una pasta espesa, y rebañe la mezcla de las paredes del recipiente.

Seque el tofu con papel de cocina y córtelo en dados de 1 cm. Revuélvalo en un cuenco con la *tapenade*. Apile la mezcla en el interior de los pimientos junto con los tomates cereza y vuelva a asarlos en el horno durante 15 minutos, hasta que los tomates se hayan ablandado y el relleno esté bien caliente.

Trasládelos a platos de servir y esparza generosamente perejil fresco troceado.

Para preparar pimientos asados con anchoas
y mozzarella, ase los pimientos rojos cortados en mitades de 25 a 30 minutos, como se indica en la receta. Prepare la *tapenade*, pero prescinda de la pasta de tomate; después, añada 150 g de bolitas de mozzarella y remueva. Rellene los pimientos con la *tapenade* y los tomates cereza y, agregue 2 filetes de anchoa a cada pimiento. Omita el tofu. Áselos y sírvalos como se indica en la receta.

sorbete de melón y guindilla con jamón

125 calorías por ración
6 raciones
tiempo de preparación
 35 minutos, más tiempo
 de congelado

1 ½ **melones cantalupo**,
 cortados en cuartos
 y sin semillas
12 lonchas de **jamón serrano**,
 prosciuto crudo o **jamón
 de Parma**

para el **sorbete**
1 **melón cantalupo**,
 cortado por la mitad,
 pelado y sin semillas
2 cucharadas de **menta** troceada
½ o **1 guindilla roja** grande,
 sin semillas y cortada fina
 (al gusto), y algunas tiras
 de guindilla para decorar
1 **clara de huevo**

Prepare el sorbete. Extraiga la pulpa del melón y bátala en un robot de cocina o una batidora hasta que quede un puré liso. Añada la menta y guindilla al gusto, y remueva.

Pase la mezcla a una máquina para hacer helado y bátala hasta que se espese. O, si lo prefiere, vierta la preparación en un recipiente de plástico y congélela durante 4 horas; bátala una o dos veces para romper los cristales.

Añada la clara de huevo y continúe batiendo hasta que el sorbete esté lo bastante espeso como para tomarlo con una cuchara sin que se derrame. Si no va a servirlo enseguida, póngalo en un recipiente de plástico e introdúzcalo en el congelador. De lo contrario, congélelo como mínimo durante 2 horas, hasta que esté bien firme.

Disponga los cuartos de melón y el jamón en seis platos de servir. Emplee una cuchara de helado para recoger el sorbete y ponga dos cucharadas encima de cada cuarto de melón. Decórelo con tiras de guindilla y sírvalos enseguida.

Para preparar melocotones con miel, como acompañamiento del jamón, prepare un aderezo con 1 cucharada de aceite de oliva virgen extra, 2 cucharadas de menta troceada, ½ guindilla roja sin semillas y cortada en rodajas finas y 1 cucharadita de miel líquida. Corte 5 melocotones en cuñas, añádalas al aderezo y remueva bien. Déjelo marinar durante 30 minutos y, después, sírvalo con las lonchas de jamón.

rouille de pimientos rojos y hortalizas

154 calorías por ración
6 raciones
tiempo de preparación
  30 minutos, más tiempo
  de enfriado
tiempo de cocción
  30-35 minutos

4 cucharadas de **aceite de oliva**
2 o 3 **dientes de ajo,**
  cortados finos
3 pizcas generosas de **hilos**
  de azafrán
3 **pimientos** mixtos **rojos**
  y anaranjados, sin corazón
  ni semillas y cortados cada
  uno en 6 tiras
3 **calabacines** de unos 100 g
  cada uno
2 **cebollas**, cortadas en cuñas
sal y **pimienta**

para el *rouille*
4 **tomates pera**, o 250 g en total
1 **pimiento rojo**, sin corazón
  ni semillas y cortado en cuartos
1 **diente de ajo**, cortado fino
una pizca generosa de **pimentón**
  molido (o ahumado)
1 cucharada de **aceite de oliva**

Vierta el aceite para las hortalizas en una bolsa de plástico grande con el ajo, el azafrán y sal y pimienta. Añada las hortalizas, cierre la bolsa y remuévalo todo bien. Macere durante al menos 30 minutos.

Prepare la *rouille*. Ponga los tomates y el pimiento rojo en una bandeja de asar pequeña. Esparza por encima el ajo, el pimentón y sal y pimienta y, después, rocíelos con aceite. Áselo en un horno, precalentado a 220 °C, durante 15 minutos.

Déjelo enfriar y, después, pele los tomates y el pimiento. Haga con ellos un puré liso en un robot de cocina o una batidora y añada con el jugo que hayan liberado en la bandeja. Vierta el puré en un cuenco para servir y resérvelo.

Vuelque las hortalizas con azafrán de la bolsa sobre una bandeja de asar y áselas en el horno, precalentado a 220 °C, de 15 a 20 minutos, dándoles la vuelta una vez, hasta que se doren. Con una cuchara de servir, reparta las hortalizas en platos individuales y sírvalas con cucharadas de la *rouille*, recalentada si es necesario.

Para preparar patatas hinchadas, como acompañamiento de la *rouille* en lugar de las hortalizas con azafrán, corte por la mitad 1 kg de patatas nuevas y póngalas, extendidas en una sola capa, en una fuente de asar. Esparza sal marina y pimienta negra y áselas (sin nada de aceite) en un horno, precalentado a 220 °C, de 30 a 35 minutos, hasta que estén bien cocidas por dentro e hinchadas. Sírvalas con la *rouille*.

boniatos y salsa de tomate

384 calorías por ración
2 raciones
tiempo de preparación
5 minutos
tiempo de cocción **45 minutos**

2 **boniatos** grandes,
de unos 275 g cada uno
50 g de **queso emmental**
o **cheddar**, rallado
sal

para la **salsa de tomate**
2 **tomates grandes**,
cortados finos
½ **cebolla roja** pequeña,
cortada fina
1 **tallo de apio**, cortado fino
un puñado pequeño de **cilantro**,
troceado
2 cucharadas de **jugo de lima**
2 cucharaditas de **azúcar
blanquilla**

Lave bien los boniatos y póngalos en una bandeja de asar
pequeña. Pínchelos con un tenedor y esparza un poco de sal.
Áselos en un horno, precalentado a 200 °C, durante 45 minutos,
hasta que estén tiernos. Si no tiene tiempo para asar los
boniatos, se pueden hacer en el microondas como las patatas,
aunque de esta manera perderá el maravilloso y crujiente sabor
de asado. Pínchelos con un tenedor y cocínelos a la intensidad
más alta de 15 a 20 minutos, o siga las instrucciones
del fabricante.

Mientras, prepare la salsa. Mezcle en un cuenco los tomates
con la cebolla, el apio, el cilantro, el jugo de lima y el azúcar.

Corte los boniatos por la mitad y deshaga un poco la pulpa con
un tenedor. Esparza por encima el queso y sírvalos coronados
con la salsa.

Para preparar boniatos con salsa de cilantro, ase los boniatos
como se indica en la receta. Prescinda de la salsa de tomate
y el queso. Prepare una salsa mezclando 100 g de crema
fresca, 4 cebollas tiernas en rodajas, un puñado de cilantro
troceado y la corteza y el jugo de 1 lima. Ponga las mitades
de boniato en un plato, deshágalos un poco con un tenedor
y sírvalos con una cucharada generosa de salsa.

ensalada de judías verdes y espárragos

285 calorías por ración
6 raciones
tiempo de preparación
10 minutos
tiempo de cocción **8 minutos**

250 g de **judías verdes finas**,
  recortadas
400 g de **espárragos** frescos,
  recortados por el tallo
6 **huevos**
5 cucharadas de **aceite de oliva**
3 cucharaditas de **pesto
  de aceitunas negras**
  o *tapenade*
3 cucharaditas de **vinagre
  balsámico**
100 g de **roqueta**, lavada
75 g de **aceitunas negras
  sin hueso**
75 g de **queso parmesano**,
  cortado en virutas
sal y **pimienta**

Ponga las judías verdes en la parte superior de una vaporera, tápela y cocínelas durante 3 minutos. Añada los espárragos y cuézalos durante 5 minutos, hasta que ambas hortalizas estén tiernas.

Mientras, coloque los huevos en una cacerola pequeña, cúbralos con agua fría y póngalos en el fuego. Cuando hierva, deje que se hagan a fuego lento durante 6 minutos, hasta que todavía estén blandos en el centro.

Mezcle en un cuenco el aceite, el pesto y el vinagre con un poco de sal y pimienta.

Ponga la roqueta en el centro de seis platos de servir. Escurra y enfríe los huevos con agua fría. Vuelva a escurrirlos, retire la cáscara con cuidado y córtelos en mitades. Coloque dos mitades en cada montón de roqueta. Disponga las judías y los espárragos en torno a ellos y, después, rocíe con el aderezo. Añada las aceitunas y corone la ensalada con las virutas de parmesano. Sírvala en seguida.

Para preparar ensalada de brécol y aceitunas, prescinda de las judías y los espárragos y cueza al vapor 500 g de brécol de tallo tierno durante 5 minutos. Cocine los huevos como se indica en la receta, quíteles la cáscara y córtelos en cuartos. Disponga la roqueta en 6 platos y, después, distribuya por encima los huevos y el brécol. Complete el plato con el aderezo, las aceitunas y el parmesano, como se indica en la receta.

tortilla de patata y cebolla

296 calorías por ración
6 raciones
tiempo de preparación
10 minutos
tiempo de cocción **30 minutos**

750 g de **patatas para asar**
4 cucharadas de **aceite de oliva**
2 **cebollas** grandes,
   cortadas finas
6 **huevos**, batidos
sal y **pimienta**

Corte las patatas en rodajas muy finas y remuévalas en un cuenco con un poco de sal y pimienta. Caliente el aceite en una sartén mediana de base gruesa. Añada las patatas y fríalas a fuego muy lento durante 10 minutos, dándoles la vuelta a menudo, hasta que estén tiernas, pero no doradas.

Añada las cebollas y fríalas a fuego lento durante otros 5 minutos, sin que se doren. Extienda la patata y la cebolla en la sartén formando una capa uniforme y regule el fuego al mínimo posible.

Vierta encima los huevos batidos; tape y cocine a fuego muy lento durante unos 15 minutos, hasta que el huevo se haya cuajado. (Si el centro de la tortilla está demasiado húmedo, ponga la sartén bajo el grill a intensidad media para que se termine de cocer.) Vuelque la tortilla sobre un plato llano y sírvala caliente o fría.

Para preparar tortilla de patatas y alcachofas, escurra 100 g de alcachofas marinadas en aceite de oliva y reserve el aceite. Cueza las patatas como se indica en la receta, pero sustituya el aceite de oliva por 4 cucharadas del aceite reservado. Corte las alcachofas gruesas y añádalas a la sartén con las cebollas y 1 cucharada de menta troceada. Complete como se indica en la receta.

ensalada de tomate, tofu y pimiento picante

418 calorías por ración

2 raciones

tiempo de preparación
  10 minutos

1 **tomate corazón de buey**,
  cortado en rodajas finas

125 g de **tofu**

50 g de **pimientos picantes**,
  escurridos y cortados finos

3 cucharadas de **cebollinos**
  cortados

2 cucharadas de **perejil**
  de hoja plana, troceado

25 g de **piñones**, tostados

40 g de **pasas sultanas**

4 cucharadas de **aceite de oliva**

2 cucharadas de **jugo de limón**

2 cucharaditas de **azúcar**
  de lustre

sal y **pimienta**

Disponga las rodajas de tomate en dos platos de servir y salpimiente ligeramente las capas. Desmenuce el tofu en un cuenco y, después, añada los pimientos, los cebollinos, el perejil, los piñones y las pasas sultanas, y mézclelo bien.

Bata el aceite de oliva, el jugo de limón y el azúcar en una jarrita o un cuenco. Salpimiente ligeramente la preparación y mézclela con la ensalada.

Vierta la ensalada con una cuchara sobre las rodajas de tomate.

Para preparar ensalada de espinaca y tofu, prescinda del tomate y los pimientos picantes. Desmenuce el tofu como se indica en la receta y añada las hierbas aromáticas, los piñones, las pasas sultanas y el jugo de 1 lima. Prescinda del aceite de oliva, el jugo de limón y el azúcar. Caliente 2 cucharaditas de aceite de cacahuete en una sartén grande. Añada 1 diente de ajo majado, fríalo durante unos pocos segundos y, después, agregue 250 g de espinacas pequeñas. Cocínelas hasta que pierdan la tersura y, después, mézclelas con la ensalada de tofu y sirva.

ensalada de tofu al jengibre y mango

340 calorías por ración
2 raciones
tiempo de preparación
  15 minutos, más tiempo
  de marinado
tiempo de cocción **5 minutos**

125 g de **tofu**
25 g de **jengibre fresco**, rallado
2 cucharadas de **salsa
  de soja clara**
1 **diente de ajo**, majado
1 cucharada de **vinagre de arroz
  condimentado**
2 cucharadas de **aceite de
  cacahuete** o **aceite vegetal**
1 manojo de **cebollas tiernas**,
  cortados en diagonal en
  rodajas de 2 cm de longitud
40 g de **anacardos**
1 **mango** pequeño, cortado
  por la mitad, deshuesado
  y, después, cortado en rodajas
½ **lechuga iceberg** pequeña,
  cortada muy fina
2 cucharadas de **agua**

Seque el tofu con papel de cocina y córtelo en dados de
1 cm de grosor. Mezcle en un cuenco pequeño el jengibre,
la salsa de soja, el ajo y el vinagre. Añada el tofu y remueva
bien los ingredientes. Déjelo marinar durante 15 minutos.

Saque el tofu de la marinada con un tenedor, escúrralo
y reserve la marinada. Caliente el aceite en una sartén y
fría los dados de tofu a fuego lento durante 3 minutos,
hasta que se doren. Escúrralos y manténgalos calientes.

Añada a la sartén las cebollas tiernas y los anacardos
y fríalos a fuego fuerte durante 30 segundos. Agregue
las rodajas de mango y cocínelas durante otros 30 segundos,
hasta que estén bien calientes.

Apile la lechuga en los platos de servir y esparza por encima el
tofu, las cebollas tiernas, el mango y los anacardos. Caliente
el jugo de la marinada con el agua en la sartén, vierta la mezcla
sobre la ensalada y sírvala enseguida.

Para preparar ensalada de tofu y guisantes dulces, marine
y fría el tofu como se indica en la receta. Añada las cebollas
tiernas y los anacardos a la sartén, junto con 1 guindilla roja
cortada en rodajas y 100 g de guisantes dulces cortados.
Prescinda del mango. Fría la mezcla durante 1 minuto,
hasta que esté bien caliente, y después incorpore el tofu y
remueva con cuidado. Agregue el jugo de ½ lima y el agua
a la marinada reservada y rocíe sobre la ensalada antes
de servirla sobre la lechuga.

mojo de pimientos rojos y cebollas tiernas

60 calorías por ración
(sólo el mojo)
4 raciones
tiempo de preparación
10 minutos
tiempo de cocción
30-40 minutos

1 **pimiento rojo** grande,
cortado en cuartos
y sin corazón ni semillas
2 **dientes de ajo**, sin pelar
250 g de **yogur natural**
2 **cebollas tiernas**,
cortadas finas
pimienta negra recién molida
selección de **hortalizas crudas,**
tales como zanahorias,
pepinos, pimientos, hinojo,
tomates, maíz dulce,
guisantes, apio y calabacines,
cortadas en bastones
(para servir)

Aplane ligeramente los cuartos de pimiento y colóquelos en una bandeja de horno. Envuelva el ajo en papel de aluminio y póngalo en la bandeja. Áselos en un horno, precalentado a 220 °C, de 30 a 40 minutos, hasta que el pimiento esté ligeramente chamuscado y el ajo blando.

Cuando esté lo bastante frío como para manipularlo, pele el pimiento y deseche la piel. Pase la pulpa a un cuenco.

Sobre el mismo cuenco, estruje con los dedos los ajos asados para extraer la pulpa.

Con un tenedor, deshaga toscamente el pimiento y el ajo. Añada el yogur y las cebollas tiernas y remueva bien. Condimente al gusto con pimienta y sírvalo con los bastones de hortalizas.

Para preparar mojo de berenjena y yogur, ase una berenjena entera con el ajo en un horno, precalentado a 220 °C, de 30 a 40 minutos y prescinda del pimiento. Si la berenjena aún no está tierna tras el tiempo de asado, dele la vuelta con cuidado y hornéela de nuevo de 10 a 15 minutos, hasta que esté muy tierna. Corte la berenjena por la mitad y, con una cuchara, extraiga la pulpa y póngala sobre una tabla de cortar. Córtela gruesa junto con un puñado de hojas de albahaca y salpiméntela. Añada el yogur, las cebollas tiernas y el ajo asado, y mezcle bien. Sírvalo con los bastones de hortalizas.

comidas principales
con menos de 400 calorías

cerdo al queso con puré de nabo

382 calorías por ración
4 raciones
tiempo de preparación
   10 minutos
tiempo de cocción
   25-30 minutos

4 **filetes de cerdo** magros,
   de unos 125 g cada uno
1 cucharadita de **aceite de oliva**
50 g de **queso desmenuzable**,
   como Wensleydale o Cheshire,
   desmenuzado
½ cucharada de **salvia** troceada
75 g de **pan de semillas rallado**
1 **yema de huevo**, batida
pimienta

para el **puré de nabo**
625 g de **nabos**, troceados
2 **dientes de ajo**
3 cucharadas de **crema fresca**

Condimente los filetes de cerdo con abundante pimienta. Caliente el aceite en una sartén antiadherente; añada los filetes y fríalos durante 2 minutos por cada lado, hasta que se doren bien; después páselos a una fuente de asar.

Mezcle el queso, la salvia, el pan rallado y la yema de huevo. Divida la mezcla en cuatro partes y úsela para coronar cada uno de los filetes, presionándola suavemente sobre ellos. Póngalos a asar en un horno, precalentado a 200 °C, de 12 a 15 minutos, hasta que el recubrimiento esté dorado.

Mientras, prepare el puré. Ponga los nabos y el ajo en una cacerola con agua hirviendo y llévelos a ebullición de 10 a 12 minutos, hasta que estén tiernos.

Escúrralos y deshágalos junto con la crema fresca y abundante pimienta. Sírvalos con los filetes de cerdo y unas pocas judías verdes o col al vapor.

Para preparar pollo con recubrimiento de tomate y pan rallado, sustituya el cerdo por 4 filetes de pollo. Dórelos y póngalos en una fuente de asar. Prepare el recubrimiento como se indica en la receta, pero sustituya la salvia por 4 tomates secados al sol troceados y ¼ de cucharadita de orégano seco. Áselos como se indica en la receta y sírvalos con el puré de nabos.

filetes de pollo con glaseado de soja

308 calorías por ración
4 raciones
tiempo de preparación
   10 minutos, más tiempo
   de refrigerado
tiempo de cocción **30 minutos**

4 **filetes de pechuga de pollo**
4 cucharadas de **salsa**
   de soja oscura
3 cucharadas de **azúcar**
   mascabado claro
2 **dientes de ajo**, majados
2 cucharadas de **vinagre**
   de vino blanco
100 ml de **jugo de naranja**
   recién exprimido
pimienta

Coloque los filetes de pollo en una tabla de cortar y corte cada uno en horizontal por la mitad. Póngalos en una fuente de asar grande y llana en la que quepan todos holgadamente.

Mezcle la salsa de soja, el azúcar, el ajo, el vinagre, el jugo de naranja y la pimienta, y vierta la preparación sobre el pollo. Tape la fuente e introdúzcala en el frigorífico hasta que esté lista para cocinar.

Destape la fuente y ase el pollo en un horno precalentado a 180 °C durante 30 minutos, hasta que esté cocido por dentro. Sírvalo en platos y, con una cuchara, vierta el jugo sobre la carne.

Sírvalo con hortalizas al vapor y arroz o fideos.

Para preparar cerdo con glaseado al estilo oriental, prescinda del pollo y coloque 4 filetes magros de cerdo en una fuente llana de asar. Mezcle los ingredientes para la salsa como se indica en la receta, pero omita el jugo de naranja y añada 2 cucharaditas de jengibre troceado y 2 cucharadas de vino de cocina chino o jerez seco. Áselos en un horno, precalentado a 200 °C, durante 15 minutos y, después, sirvalos rociados de hojas de cilantro con hortalizas al vapor y arroz o fideos.

estofado de chorizo y pimientos rojos

369 calorías por ración
4 raciones
tiempo de preparación
5 minutos
tiempo de cocción **25 minutos**

500 g de **patatas nuevas**
1 cucharadita de **aceite de oliva**
2 **cebollas rojas**, troceadas
2 **pimientos rojos**, sin corazón
ni semillas y troceados
100 g de **chorizo**, en rodajas
finas
500 g de **tomates pera**,
troceados, o 400 g de **tomates**
de lata, escurridos
400 g de **garbanzos**,
escurridos y lavados
2 cucharadas de **perejil** troceado

Ponga las patatas en una cacerola con agua hirviendo
y cuézalas de 12 a 15 minutos, hasta que estén tiernas.
Escúrralas y, después, córtelas en rodajas.

Mientras, caliente el aceite en una sartén grande; añada
las cebollas y los pimientos y fríalos durante 3 o 4 minutos,
hasta que empiecen a ablandarse. Incorpore el chorizo
y continúe friendo durante 2 minutos.

Agregue las rodajas de patata, los tomates y los garbanzos
y, cuando alcance el punto de ebullición, cuézalos a fuego
lento durante 10 minutos. Esparza por encima el perejil y sirva
con pan fresco para rebañar el jugo.

Para preparar estofado de hortalizas mediterráneo, corte
las patatas en rodajas y trocee 1 berenjena y 1 calabacín.
Fría las cebollas y los pimientos en el aceite, como se indica
en la receta, durante 5 minutos. Prescinda del chorizo y añada
a la sartén las hortalizas crudas preparadas, los tomates y los
garbanzos. Incorpore 150 ml de caldo vegetal (*véase* pág. 44)
y 2 ramitas de tomillo y, cuando alcance el punto de ebullición,
cueza a fuego lento durante 15 minutos y esparza por encima
el perejil. Rocíelo con aceite de oliva virgen extra, si lo desea,
y sírvalo con pan fresco.

jambalaya de arroz salvaje

370 calorías por ración
4 raciones
tiempo de preparación
15 minutos
tiempo de cocción **35 minutos**

125 g de **arroz salvaje**
1 cucharadita de **aceite de oliva**
50 g de **apio**, troceado
½ **pimiento rojo**, sin corazón
   ni semillas, en dados
½ **pimiento verde** o **amarillo**,
   sin corazón ni semillas
   y cortado en dados
1 **cebolla**, troceada
1 **loncha fina de beicon**
   de lomo magro, sin grasa
2 **dientes de ajo**, majados
2 cucharadas de **puré**
   de tomate
1 cucharada de **tomillo** troceado
125 g de **arroz de grano largo**
1 **guindilla verde**, sin semillas
   y picada fina
½ cucharadita de **pimienta**
   de Cayena
400 g de **tomates** de lata,
   escurridos
300 ml de **caldo de pollo**
150 ml de **vino blanco seco**
250 g de **gambas** medianas
   crudas
perejil, para decorar

Ponga el arroz salvaje en una cacerola con agua hasta que lo cubra. Llévelo a ebullición y cuézalo a fuego lento durante 5 minutos. Retire la cacerola del fuego y tápela herméticamente. Deje que se cueza al vapor por dentro durante unos 10 minutos, hasta que el arroz esté tierno. Escúrralo.

Caliente el aceite en una sartén antiadherente grande. Añada el apio, los pimientos, la cebolla, el beicon y el ajo y fríalos, sin dejar de remover, durante 3 o 4 minutos, hasta que las hortalizas estén blandas. Agregue el puré de tomate y el tomillo, y remueva. Deje que se cueza durante otros 2 minutos.

Incorpore el arroz salvaje, el arroz de grano largo, la pimienta de Cayena, los tomates, el caldo y el vino. Cuando alcance el punto de ebullición, deje que cueza a fuego lento durante 10 minutos, hasta que el arroz esté tierno pero todavía firme.

Agregue las gambas y cocínelas, removiendo de vez en cuando, hasta que se vuelvan opacas. Con una cuchara de servir, repártalas en cuencos calentados. Espolvoree con cilantro o perejil y sirva con pan fresco, si lo desea.

Para preparar *jambalaya* de pollo y gambas, omita el arroz salvaje y aumente a 250 g la cantidad de arroz de grano largo. Ablande el apio, los pimientos, la cebolla y el ajo como se indica en la receta y prescinda del beicon. Sáquelos de la sartén y caliente en ella 1 cucharada de aceite de oliva. Añada 200 g de pechuga de pollo cortada en pedazos y fríalos hasta que se doren por todos los lados. Vuelva a poner las hortalizas reblandecidas en la sartén y, después, agregue los ingredientes restantes, incluido el vino blanco. Deje que hierva y, después, complete como se indica en la receta.

lasaña sin grasa

340 calorías por ración
8 raciones
tiempo de preparación
  30 minutos
tiempo de cocción **alrededor
  de 1 hora**

200 g de **láminas de lasaña
  precocinadas**
pimienta negra recién molida

para la **salsa de carne**
2 **berenjenas**, peladas
  y en dados
2 **cebollas rojas**, troceadas
2 **dientes de ajo**, majados
300 ml de **caldo vegetal**
  (*véase* pág. 44)
4 cucharadas de **vino tinto**
500 g de **carne de vacuno
  picada extramagra**
2 latas de 400 g de **tomates
  troceados**

para la **salsa de queso**
3 **claras de huevo**
250 g de **requesón**
175 g ml de **leche**
6 cucharadas de **queso
  parmesano** recién rallado

Prepare la salsa de carne. Ponga las berenjenas, las cebollas, el ajo, el caldo y el vino en una cacerola antiadherente grande. Tápela y deje que cueza a fuego lento durante 5 minutos.

Destápela y deje que siga hirviendo durante unos 5 minutos, hasta que la berenjena esté tierna y el líquido se haya absorbido, añadiendo un poco más de caldo si es necesario. Retire la cacerola del fuego, deje que se enfríe ligeramente y, entonces, haga un puré con el contenido en un robot de cocina o una batidora.

Mientras, dore la carne picada en una sartén antiadherente. Escurra la grasa que libere. Añada la mezcla de la berenjena, los tomates y pimienta al gusto. Deje que se haga a fuego fuerte, destapado, durante unos 10 minutos, hasta que espese.

Prepare la salsa de queso. Bata las claras de huevo con el requesón y, después, añada la leche y 4 cucharadas soperas de queso parmesano, y vuelva a batir. Condimente con pimienta al gusto.

Alterne capas de salsa de carne, lasaña y salsa de queso en una fuente de asar. Comience con salsa de carne y termine con salsa de queso. Esparza sobre la capa superior de queso el resto del parmesano. Hornee en el horno, precalentado a 180 °C, de 30 a 40 minutos, hasta que se dore.

Para preparar lasaña vegetariana, cocine las berenjenas, las cebollas, el ajo, el caldo y el vino como se indica en la receta, y añada 1 zanahoria troceada, 1 tallo de apio cortado fino y 250 g de calabaza moscada o normal. Cocínelo como en la receta, pero sin hacerlo puré. Agregue los tomates y cueza a fuego lento 10 minutos. Omita la carne picada. Prepare la salsa de queso y complete como en la receta.

abadejo con huevos escalfados

397 calorías por ración
4 raciones
tiempo de preparación
10 minutos
tiempo de cocción **30 minutos**

750 g de **patatas nuevas**
4 **cebollas tiernas,**
   cortadas en rodajas
2 cucharadas de **crema fresca**
75 g de **berros**
4 **filetes de abadejo ahumado,**
   de unos 150 g cada uno
150 ml de **leche**
1 **hoja de laurel**
4 **huevos**
pimienta

Ponga las patatas en una cacerola con agua hirviendo y cuézalas de 12 a 15 minutos, hasta que estén tiernas. Escúrralas, aplástelas ligeramente con un tenedor y, después, añada y mezcle las cebollas tiernas, la crema fresca y los berros, y condimente bien con pimienta. Manténgalo caliente.

Coloque el pescado y la leche en una sartén grande con la hoja de laurel. Llévelo a ebullición; tape y deje que cueza a fuego lento durante 5 o 6 minutos, hasta que el pescado esté hecho por dentro.

Mientras, lleve a ebullición una cacerola con agua, agite el agua con una cuchara y casque un huevo en ella, dejando que la clara envuelva la yema. Deje que hierva a fuego lento durante 3 minutos y, entonces, saque el huevo del agua y manténgalo caliente. Repita la operación con el resto de los huevos.

Sirva el abadejo encima de las patatas, coronado con los huevos escalfados.

Para preparar ensalada de abadejo, espárragos y huevo, sustituya las patatas por 325 g de espárragos y cocínelos en agua hirviendo durante 5 minutos. Mézclelos en un cuenco con las cebollas tiernas, la crema fresca y los berros y añada las hojas de una lechuga cogollo y 1 cucharada de aceite de oliva virgen extra. Escalfe el abadejo como se indica en la receta, sáquelo de la leche con una espumadera y desmenúcelo. Remueva el pescado con la ensalada de espárragos y repártala entre 4 platos. Sírvala con un huevo escalfado encima, preparado como se indica en la receta.

atún glaseado de miel

310 calorías por ración
4 raciones
tiempo de preparación
   15 minutos
tiempo de cocción **15 minutos**

4 **filetes de atún**, de unos 125 g
   cada uno
2 cucharaditas de **aceite de oliva**

para el **glaseado**
1 cucharada de **miel**
2 cucharadas de **mostaza**
   de grano entero
1 cucharadita de **puré**
   de tomate
2 cucharadas de **jugo**
   de naranja
1 cucharada de **vinagre de vino**
   tinto o **vinagre balsámico**
pimienta negra recién molida

para el **puré de nabos**
2 **nabos**, cortados
   en pedazos gruesos
2 **patatas**, cortadas
   en pedazos gruesos
50 g de **yogur natural**
2 cucharaditas de **salsa**
   de rábano picante (opcional)
pimienta negra recién molida

Ponga todos los ingredientes para el glaseado en una cacerola pequeña. Llévelos a ebullición; baje el fuego y deje que se cuezan lentamente hasta que la mezcla se haya reducido y tenga una consistencia viscosa. Manténgala caliente.

Prepare el puré de nabos. Cueza al vapor los nabos y las patatas hasta que estén tiernos. Escúrralos, si es necesario, y póngalos en un robot de cocina o una batidora junto con el yogur, la salsa de rábano picante (si la usa) y pimienta al gusto. Procéselos hasta obtener una mezcla uniforme. Manténgala caliente o recaliéntela antes de servir.

Unte el atún con aceite con la ayuda de un pincel y cocínelo durante 1 o 2 minutos en una plancha precalentada, una barbacoa, una sartén o bajo el grill. Dele la vuelta y, con una cuchara, esparza el glaseado sobre el atún. Cocínelo durante 1 o 2 minutos más. Es mejor si está húmedo y aún ligeramente rosado en el centro.

Para servir, ponga sobre el resto del glaseado un montón de puré de nabos y, encima de éste, el filete de atún. Sírvalo con verduras al vapor, si lo desea.

Para preparar atún con puré de berros y nabos, omita los ingredientes del glaseado y recubra los filetes de atún con 2 cucharadas de pimienta en grano machacada. Bata en un robot de cocina 75 g de berros con 1 diente de ajo majado, 2 cucharadas de leche desnatada y sal, hasta que forme una pasta. Prepare el puré como se indica en la receta y, después, mézclelo con la pasta de berros. Unte el atún con aceite y cocinelo como se ha indicado. Sírvalo con el puré y hortalizas al vapor, si lo desea.

salmón con puré de judías y apionabo

399 calorías por ración
4 raciones
tiempo de preparación
15 minutos
tiempo de cocción **20 minutos**

125 g de **judías de soja
cocinadas**
3 cucharadas de **agua**
½ **apionabo** mediano,
de unos 250 g
250 g de **patatas**, cortadas
en trozos gruesos
4 **filetes de salmón,**
de unos 125 g cada uno
40 g de **mantequilla**
3 cucharadas de **cebollinos**
picados
3 cucharadas de **estragón**
o **eneldo** picados
1 cucharada de **vinagre de vino
blanco**
sal y **pimienta**

Ponga las judías cocinadas y el agua en un robot de cocina
y bátalas hasta formar una pasta uniforme. Pele el apionabo,
corte la pulpa en pedazos gruesos y cocínelos junto con
las patatas en una cacerola con agua hirviendo con un poco
de sal durante unos 15 minutos, hasta que estén tiernos.

Mientras, seque los filetes de salmón con papel de cocina
y salpiméntelos. Caliente 15 g de la mantequilla en una
sartén y fría en ella el salmón durante 4 o 5 minutos por
cada lado, hasta que esté hecho por dentro.

Escurra las hortalizas y vuelva a ponerlas en la cacerola con
el puré de judías y otros 15 g de mantequilla. Con un pasapurés
para patatas, reduzca a puré estos ingredientes hasta que
queden uniformemente mezclados. Recaliéntelo durante
1 o 2 minutos y salpimiente.

Forme montones de puré en los platos de servir y, encima,
los filetes de salmón. Añada a la sartén el resto de la
mantequilla, las hierbas aromáticas y el vinagre y caliéntelos,
sin dejar de remover, hasta que la mezcla burbujee. Vierta
la salsa sobre el salmón y sirva enseguida.

**Para preparar ensalada de judías de soja, guisantes
y eneldo**, como acompañamiento del salmón, cocine 150 g
de judías de soja congeladas y la misma cantidad de guisantes
congelados en agua hirviendo con sal durante 3 o 4 minutos,
justo hasta que estén tiernos. Escúrralos y mézclelos con un
aderezo compuesto de 1 cucharada sopera de aceite de oliva,
1 cucharadita de miel, 1 cucharada de vinagre de vino blanco
y 1 cucharada de eneldo troceado. Cocine el salmón como
se indica en la receta y reduzca a 1 cucharada la cantidad de
hierbas aromáticas en la salsa.

salmón rebozado de sésamo

324 calorías por ración
4 raciones
tiempo de preparación
10 minutos
tiempo de cocción **12 minutos**

4 cucharadas de **semillas
de sésamo**
1 cucharadita de **copos
de guindilla seca**
4 **filetes de salmón**,
de unos 100 g cada uno
2 cucharaditas de **aceite
de oliva**
2 **zanahorias**, cortadas
en bastones finos
2 **pimientos rojos**, sin corazón
ni semillas y cortados finos
200 g de **setas** *shiitake*,
cortadas por la mitad
2 *pak-choi*, cortados en cuartos
1 cucharada de **salsa de soja**

Mezcle en un plato las semillas de sésamo y los copos
de guindilla y, después, presione los filetes de salmón
en esta mezcla para que se rebocen.

Caliente la mitad del aceite en una sartén antiadherente
o un wok; añada el salmón y fríalo a fuego medio
durante 3 o 4 minutos por cada lado, hasta que estén
cocidos por dentro. Reserve el salmón y manténgalo
caliente.

Caliente el resto del aceite en la sartén y, después,
añada las hortalizas y sofríalas rápidamente durante
3 o 4 minutos, hasta que justo estén hechas. Rocíe
la salsa de soja sobre las hortalizas y, después, sírvalas
con el salmón y arroz *basmati*.

**Para preparar una sopa de hortalizas y salmón al estilo
oriental**, elabore una base de sopa calentando 750 ml de caldo
vegetal (*véase* pág. 44) en una cacerola con 3 rodajas de
jengibre, 2 cucharadas de salsa de soja oscura, 2 cucharadas
de vino de cocina chino o jerez seco y 1 cucharadita de
aceite de sésamo. Llévela a ebullición y deje que se cueza
lentamente mientras cocina el salmón y las hortalizas tal como
se indica en la receta. Desmenuce el salmón e incorpórelo
a la sopa junto con las hortalizas sofritas.

lentejas de Puy
con salmón desmenuzado

382 calorías por ración
4 raciones
tiempo de preparación
30 minutos, más tiempo
de enfriado y refrigerado
tiempo de cocción **45 minutos**

500 g de **filete de salmón
de la parte de la cola**
2 cucharadas de **vino
blanco seco**
2 **pimientos rojos**, cortados
en mitades, sin corazón
ni semillas
125 g de **lentejas de Puy**,
remojadas
un puñado grande de **eneldo**,
troceado
1 manojo de **cebollas tiernas**,
cortadas finas
limón para exprimir
pimienta negra recién molida

para el **aderezo**
2 **dientes de ajo**
un puñado grande de **perejil**,
troceado
un puñado de **eneldo**, troceado
1 cucharadita de **mostaza
de Dijon**
2 **guindillas verdes**, sin semillas
y troceadas
el jugo de 2 **limones** grandes
1 cucharada de **aceite de oliva
virgen extra**

Coloque el salmón sobre papel de aluminio y rocíe
el vino sobre él. Junte los bordes del papel aluminio
y dóblelos para cerrarlo. Póngalo en una bandeja de asar y
áselo en un horno, precalentado a 200 °C, de 15 a 20 minutos,
hasta que esté hecho. Déjelo enfriar; desmenúcelo, tápelo
e introdúzcalo en el frigorífico.

Ase las mitades de pimiento, con la piel hacia arriba,
bajo el grill. Póngalas en una bolsa de plástico unos pocos
minutos. Saque los pimientos de la bolsa, quíteles la piel y corte
la pulpa en cuadrados de 2,5 cm. Reserve el jugo que suelten.

Ponga todos los ingredientes del aderezo, excepto el aceite,
en un robot de cocina o una batidora y procéselos hasta
formar un puré liso. Añada el aceite.

Ponga las lentejas en una cacerola grande con abundante agua.
Llévela a ebullición y deje que se cuezan de 15 a 20 minutos.
Escúrralas y póngalas en un cuenco con el pimiento rojo, el
eneldo, la mayor parte de las cebollas tiernas y pimienta al gusto.

Añada el aderezo a las lentejas y remueva. Para servir, ponga
el salmón desmenuzado sobre las lentejas y mezcle; exprima un
poco de jugo de limón y esparza el resto de las cebollas tiernas.

Para preparar ensalada de caballa ahumada y lentejas,
prescinda del salmón y el vino; cocine los pimientos y las
lentejas y mézclelas con el eneldo y todas las cebollas tiernas.
Caliente 2 cucharaditas de aceite de oliva en una sartén
y fría 2 lonchas de panceta, cortadas en tiras, hasta que
estén crujientes. Añádalas al cuenco. Mezcle los ingredientes
para el aderezo, agréguelos y remueva bien. Incorpore
400 g de caballa ahumada desmenuzada y sirva.

berenjenas asadas con *tzatziki*

325 calorías por ración
4 raciones
tiempo de preparación
   10 minutos, más tiempo
   de enfriado
tiempo de cocción **50 minutos**

2 **berenjenas** grandes, cortadas
   por la mitad a lo largo
1 cucharada de **aceite de oliva**
100 g de **cuscús**
175 ml de **agua hirviendo**
1 **cebolla**, cortada fina
1 **diente de ajo**, majado
100 g de **orejones**
   de albaricoque listos
   para comer, troceados
50 g de **pasas**
la ralladura y el jugo de **1 limón**
2 cucharadas de **menta** troceada
2 cucharadas de **cilantro**
   troceado
2 cucharadas de **queso**
   parmesano recién rallado
4 **panecillos planos**, para servir

para el ***tzatziki***
½ **pepino**, troceado fino
2 **cebollas tiernas**, cortadas
   en rodajas
200 ml de **yogur griego**

Coloque las berenjenas en una bandeja de asar con el lado cortado hacia arriba y unte cada uno con un poco de aceite. Áselas en un horno, precalentado a 200 °C, de 30 a 35 minutos; después, sáquelas (deje el horno encendido) y déjelas enfriar. Cuando las berenjenas estén lo bastante frías como para manipularlas, extraiga la pulpa con una cuchara y trocéela. Reserve las pieles enteras.

Mientras, ponga el cuscús en un recipiente, vierta el agua y tápelo con film transparente. Reserve durante 5 minutos, retire el film y remueva.

Caliente el resto del aceite en una sartén antiadherente; añada la cebolla y el ajo y fríalos durante 3 minutos; después, agregue los albaricoques, las pasas, la ralladura y el jugo de limón, el cuscús, las hierbas aromáticas, el parmesano y la pulpa de berenjena, y remueva.

Con una cuchara, rellene con esta mezcla las pieles de berenjena y áselas en el horno durante 10 minutos.

Mezcle los ingredientes del *tzatziki* en un cuenco y sírvalo con las berenjenas y los panecillos planos.

Para preparar una salsa de tomate con especias, como acompañamiento de las berenjenas, caliente en una cacerola 2 cucharaditas de aceite de oliva y fría una cebolla cortada en rodajas durante 5 minutos, hasta que esté tierna. Añada ½ cucharadita de canela molida y la misma cantidad de comino y de jengibre molidos, y fría durante 1 minuto más. Agregue una lata de 400 g de tomates troceados, remueva, y, cuando hierva, deje que se cueza a fuego lento durante 20 minutos; retírela del fuego y condiméntela con sal y pasta de *harissa*.

sofrito de tofu con gambas

390 calorías por ración
2 raciones
tiempo de preparación
 10 minutos, más tiempo
 de reposo
tiempo de cocción **10 minutos**

250 g de **tofu**
3 cucharadas de **salsa de soja**
1 cucharada de **miel clara**
1 cucharada de **aceite**
 de soja o **cacahuete**
150 g de **col de primavera**,
 cortada muy fina
300 g de **fideos de arroz**
 cocinados
200 g de **gambas peladas**
 hervidas
4 cucharadas de **salsa** *hoisin*
2 cucharadas de **cilantro**
 troceado

Seque el tofu con papel de cocina y córtelo en dados de 2 cm de grosor. Mezcle en un cuenco la salsa de soja y la miel y, después, añada y remueva suavemente el tofu. Déjelo reposar durante 5 minutos.

Escurra el tofu, reservando la marinada, y seque los dados con papel de cocina. Caliente el aceite en una sartén grande y fría el tofu durante 5 minutos, sin dejar de remover, hasta que esté crujiente y dorado por fuera. Escurra los dados y manténgalos calientes.

Añada la col a la sartén y fríala a fuego fuerte, sin dejar de remover, hasta que pierda su tersura. Vuelva a poner el tofu en la sartén junto con los fideos y las gambas, y cocínelos a fuego fuerte durante 2 minutos, removiendo al mismo tiempo para mezclar los ingredientes.

Incorpore la salsa *hoisin* con la marinada reservada. Rocíe el líquido sobre el sofrito y remueva bien. Esparza el cilantro fresco por encima y sirva enseguida.

Para preparar ensalada fría de tofu y fideos, corte y marine el tofu como se indica en la receta, y añada 4 cebollas tiernas en rodajas y 1 guindilla roja sin semillas y troceada. Aumente el tiempo de marinado hasta, al menos, 1 hora. Vierta la marinada en un cuenco grande; añada el aceite de cacahuete, los fideos de arroz, las gambas y el cilantro, y remueva para mezclar. Agregue 100 g de guisantes dulces majados y, con cuidado, incorpore el tofu. Sírvalo, pero prescinda de las cebollas tiernas y la salsa *hoisin*.

comidas principales
con menos de 300 calorías

chuletas de cordero
rebozadas con nueces y pesto

280 calorías por ración
4 raciones
tiempo de preparación
  10 minutos
tiempo de cocción **15 minutos**

12 **chuletas de cordero magras**,
  de unos 40 g cada una
2 cucharadas de **pesto**
3 cucharadas de **pan**
  de semillas rallado
1 cucharada de **nueces**
  troceadas, tostadas
1 cucharadita de **aceite vegetal**
2 **dientes de ajo**, majados
625 g de **verduras**, cortadas
  muy finas y blanqueadas.

Ponga al fuego una sartén antiadherente (o una plancha) hasta que esté bien caliente; añada las chuletas y cocínelas durante 1 minuto por cada lado. Después páselas a una bandeja de asar.

Mezcle el pesto, el pan rallado y las nueces y reboce una cara de las chuletas, presionándola ligeramente. Ase las chuletas en el horno, precalentado a 200 °C, de 10 a 12 minutos.

Mientras, caliente el aceite en una sartén o un wok; añada el ajo y sofríalo durante 1 minuto. Después, agregue las verduras y siga sofriendo durante 3 o 4 minutos, hasta que estén tiernas.

Sirva el cordero y las verduras acompañados de algunas zanahorias mini.

Para preparar chuletas de cordero con un aderezo de alcaparras y pesto, elabore el aderezo mezclando 1 cucharada de perejil, otra de menta y otra de albahaca, todos ellos troceados. Añada y mezcle 1 diente de ajo majado, 1 cucharada de alcaparras y 2 cucharadas de aceite de oliva virgen extra. Cocine las chuletas a la plancha durante 2 o 3 minutos por cada lado (dependiendo de si le gusta el cordero menos o más hecho), omita el rebozado de pan rallado y sírvalo con las hortalizas, como en la receta, y una cantidad generosa de aderezo por encima.

estofado de cordero y judías *flageolet*

288 calorías por ración
4 raciones
tiempo de preparación
5 minutos
tiempo de cocción
1 hora y 20 minutos

1 cucharadita de **aceite de oliva**
350 g de **cordero** magro,
en dados
16 **cebolletas**, peladas
1 **diente de ajo**, majado
1 cucharada de **harina blanca**
600 ml de **caldo de cordero**
(elaborado con caldo líquido
concentrado)
200 g de **tomates troceados**
1 *bouquet garni*
2 latas de 400 g de **judías
flageolet**, escurridas y lavadas
250 g de **tomates cereza**
pimienta

Caliente el aceite en una cazuela de barro o una cacerola; añada el cordero y fríalo durante 3 o 4 minutos, hasta que se dore. Saque el cordero de la fuente y resérvelo.

Añada las cebolletas y el ajo y fríalos durante 4 o 5 minutos, hasta que las cebolletas empiecen a dorarse.

Vuelva a poner en la cacerola el cordero y el jugo que haya soltado y, después, añada la harina y remueva bien. Incorpore el caldo, los tomates, el *bouquet garni* y las judías. Llévelo a ebullición, sin dejar de remover, y tápelo y deje que se cueza a fuego lento durante 10 minutos. Sírvalo con patatas y judías verdes al vapor.

Para preparar un potaje caliente de cerdo y sidra, sustituya el cordero por 350 g de solomillo de cerdo cortado en dados. Dórelo y resérvelo como se indica en la receta. Cocine la cebolla y el ajo como se ha indicado; añada el cerdo, ya dorado, y la harina y remueva bien. Vierta, en lugar del caldo de cordero, 400 ml de caldo de jamón y la misma cantidad de sidra. Prescinda de los tomates de lata y añada el *bouquet garni* y las judías. Cuézalo a fuego lento, tapado, y agregue 300 g de zanahorias cortadas en dados 30 minutos después del inicio de la cocción. Deje que hierva otros 30 minutos y omita los tomates cereza. Retírelo del fuego, añada 2 cucharadas de mostaza de grano entero y un puñado de perejil troceado, y remueva.

broquetas de ternera con salsa

140 calorías por ración
4 raciones
tiempo de preparación
  10 minutos, más tiempo
  de marinado
tiempo de cocción **5 minutos**

1 cucharada de **salsa
  de guindilla dulce**
½ cucharadita de **semillas
  de comino**, tostadas
½ cucharadita de **cilantro molido**
1 cucharadita de **aceite de oliva**
350 g de **lomo de ternera**
  magro, cortado en tiras

para la **salsa**
1 cucharada de **salsa
  de guindilla dulce**
1 cucharadita de **salsa
  de pescado tailandesa**
1 cucharadita de **vinagre
  de vino blanco**

para **servir**
2 cucharadas de **cilantro**
  troceado
1 cucharada de **cacahuetes
  sin sal**, troceados gruesos
  (opcional)

Mezcle la salsa de guindilla dulce, las semillas de comino, el cilantro molido y el aceite en un cuenco no metálico. Añada la carne y remueva bien para que se recubra con esta preparación. Tápela y déjela marinar en un lugar fresco durante 30 minutos.

Ensarte la carne en cuatro broquetas de bambú previamente remojadas en agua durante al menos 20 minutos. Áselas en una plancha bien caliente o bajo un grill fuerte durante 2 o 3 minutos, hasta que la carne esté cocida por dentro.

Mientras, mezcle los ingredientes de la salsa en un cuenco, Sirva las broquetas con la salsa y esparza por encima el cilantro y los cacahuetes, si lo desea.

Para preparar una ensalada al estilo tailandés, para servir con las broquetas, mezcle 1 zanahoria rallada, ¼ de pepino cortado fino, 50 g de brotes de soja crudos y 10 tomates cereza cortados en cuartos. Elabore la salsa como se indica en la receta y añada 1 cucharada de aceite de cacahuete. Remueva, junto con el cilantro y los cacahuetes, que en la receta se empleaban como decoración, y sirva las broquetas con la ensalada y gajos de lima.

sofrito tailandés de ternera y pimientos mixtos

255 calorías por ración
4 raciones
tiempo de preparación
20 minutos
tiempo de cocción **10 minutos**

500 g de **filete de ternera**
  magro
1 cucharada de **aceite**
  de sésamo
1 **diente de ajo**, troceado fino
1 **tallo de hierba limonera**,
  cortado muy fino
un pedazo de **jengibre fresco** de
  2,5 cm, pelado y troceado fino
1 **pimiento rojo**, sin corazón
  ni semillas, en rodajas gruesas
1 **pimiento verde**, sin corazón
  ni semillas, en rodajas gruesas
1 **cebolla**, en rodajas gruesas
2 cucharadas de **jugo de lima**
pimienta negra recién molida

Corte la carne en tiras largas y finas perpendiculares a las fibras.

Caliente el aceite a fuego fuerte en un wok o una sartén grande. Añada el ajo y sofríalo durante 1 minuto. Agregue la carne y sofríala durante 2 o 3 minutos, hasta que esté ligeramente dorada. Incorpore la hierba limonera y el jengibre, remueva y retire la sartén del fuego. Saque la carne de la sartén y resérvela.

Ponga los pimientos y la cebolla en la sartén y sofríalos durante 2 o 3 minutos, hasta que la cebolla empiece a dorarse y esté ligeramente tierna.

Vuelva a poner la carne en la sartén; añada el jugo de lima, condimente al gusto con pimienta, y remueva. Sírvala con fideos o arroz hervidos, si lo desea.

Para preparar arroz al coco, como acompañamiento del sofrito, ponga 250 g de arroz aromático tailandés en una cacerola de fondo grueso; vierta encima 150 ml de leche de coco semidesgrasada y añada agua suficiente como para superar en 2,5 cm la superficie del arroz. Llévela a ebullición, baje el fuego a lento y tape la olla. Cocínelo durante 10 minutos, retírelo del fuego y manténgalo tapado durante 10 minutos más para que termine de cocerse con su propio vapor. Ahueque un poco el arroz con un tenedor y sirva.

broquetas de pollo *tikka* y *raita* de hinojo

179 calorías por ración
6 raciones
tiempo de preparación
20 minutos, más tiempo
de marinado y refrigerado
tiempo de cocción **8-10 minutos**

1 **cebolla**, troceada fina
½ o 1 **guindilla roja** o **verde**,
sin semillas y troceada fina
(al gusto)
un pedazo de **jengibre fresco**
de 1,5 cm, en rodajas finas
2 **dientes de ajo**, en rodajas finas
150 g de **yogur natural**
3 cucharadas de **pasta
de curry suave**
4 cucharadas de **cilantro**
troceado
4 **pechugas de pollo**, de unos
150 g cada una, en dados
lechuga cortada muy fina,
para servir

para la *raita* **de hinojo**
1 **bulbo de hinojo**, de unos
200 g
200 g de **yogur natural**
3 cucharadas de **cilantro**
sal y **pimienta**

Mezcle la cebolla, el jengibre y el ajo en una fuente llana
de cerámica. Añada el yogur, la pasta de curry y el cilantro
y mézclelo todo bien.

Agregue los dados de pollo a la preparación del yogur
y remueva bien para que se recubran por toda la superficie;
tápelo con film transparente y refrigérelo durante al menos
2 horas.

Prepare la *raita*. Corte el corazón del hinojo, deséchelo,
y trocee fino el resto, incluida cualquier prolongación
verde superior. Mezcle el hinojo con el yogur y el cilantro,
y salpimiente. Con una cuchara, pase la *raita* a una fuente
de servir; cúbrala con film transparente y refrigérela hasta
que se necesite.

Ensarte el pollo en 12 broquetas y colóquelas sobre una
rejilla de grill forrada con papel de aluminio. Áselas bajo
el grill precalentado de 8 a 10 minutos, dándoles la vuelta
una vez, hasta que se doren y estén bien hechas por dentro.
Colóquelas en platos de servir con un poco de lechuga cortada
muy fina y sírvalas con cucharadas de *raita*.

Para preparar un *chutney* de pimientos rojos y almendras,
como acompañamiento a las broquetas, bata en una batidora
o un robot de cocina 75 g de pimientos asados comprados,
un puñado de hojas de menta, 1 diente de ajo troceado
y ½ cucharadita de guindilla en polvo. Bata hasta obtener una
mezcla uniforme y, después, añada sal al gusto y 1 ½ cucharadas
de almendras laminadas. Accione la máquina un par de veces
hasta deshacer toscamente las almendras, añada 1 cucharada
de cilantro troceado y remueva bien.

plato único de pollo

275 calorías por ración
4 raciones
tiempo de preparación
10 minutos
tiempo de cocción **45 minutos**

500 g de **patatas nuevas**
4 **filetes de pechuga de pollo**,
de unos 125 g cada uno
6 cucharadas de una mezcla
de **hierbas aromáticas**,
tales como perejil,
cebollinos, perifollo y menta
1 **diente de ajo**, majado
6 cucharadas de **crema fresca**
8 **puerros pequeños**
2 **endibias**, cortadas por la mitad
a lo largo
150 ml de **caldo de pollo**
pimienta

Ponga las patatas en una cacerola con agua hirviendo
y cuézalas de 12 a 15 minutos, hasta que estén tiernas.
Escúrralas y, después, córtelas en trozos del tamaño
de un bocado.

Haga una hendidura longitudinal en el lado de cada
pechuga de pollo para formar una bolsa, asegurándose
de no cortar completamente de un borde al otro. Mezcle
las hierbas aromáticas, el ajo y la crema fresca, condimente
bien con pimienta; después, con una cuchara, ponga
un poco de la mezcla en el interior de cada bolsa de pollo.

Coloque los puerros, las endibias y las patatas en una
fuente de asar. Vierta sobre ellos el caldo; coloque encima
las pechugas de pollo. Con una cuchara, vierta sobre ellas
el resto de la crema fresca y áselas en el horno, precalentado
a 200 °C, de 25 a 30 minutos.

Para preparar pollo asado con hinojo y patatas, corte
las patatas por la mitad y póngalas en una fuente grande
de asar con 1 bulbo de hinojo grande cortado en cuartos.
Prescinda de los puerros y las endibias. Vierta encima
el caldo; ase en el horno, precalentado a 200 °C, durante
20 minutos. Retírelo del horno y coloque las pechugas
sobre las hortalizas. Mezcle 1 cucharada de perejil troceado
con 1 cucharada de mostaza de Dijon y la crema fresca,
omita el ajo y, con una cuchara, esparza la preparación
sobre el pollo. Áselo de nuevo de 25 a 30 minutos.

broquetas de rape al estilo tailandés

192 calorías por ración
4 raciones
tiempo de preparación
15 minutos, más tiempo
de marinado
tiempo de cocción **10 minutos**

500-750 g de **colas de rape**,
peladas
1 **cebolla**, cortada en cuartos
y separadas las capas
8 **champiñones**
1 **calabacín**, cortado en 8 trozos
aceite vegetal, para untar
berros o **perejil de hoja plana**,
para decorar

para el **marinado**
la ralladura y el jugo de **2 limas**
1 **diente de ajo**, cortado fino
2 cucharadas de **jengibre fresco**
cortado en rodajas finas
2 **guindillas** frescas, rojas
o verdes, o 1 de cada,
sin semillas y cortadas finas
2 **tallos de hierba limonera**,
troceados finos
un puñado de **cilantro** troceado
1 vaso de **vino tinto**
2 cucharadas de **aceite
de sésamo**
pimienta negra recién molida

Mezcle los ingredientes para la marinada en un cuenco
grande. Corte el pescado en dados grandes y añádalos a la
marinada, junto con la cebolla, los champiñones y el calabacín.
Tápelo y déjelo marinar en el frigorífico durante 1 hora.

Unte ligeramente con aceite la rejilla del grill para evitar
que se peguen las broquetas. Ensarte en cuatro broquetas
los trozos de pescado, los champiñones, el calabacín y
la cebolla, alternando pescado con cada uno de los demás
ingredientes. Úntelos con un poco de aceite y áselos durante
unos 10 minutos bajo el grill fuerte precalentado, dándoles
la vuelta de vez en cuando. Guarnézcalos con berros o perejil.

Para preparar broquetas mediterráneas de rape, sustituya
la marinada de la receta por otra a base de la ralladura
y el jugo de 1 limón, 2 dientes de ajo troceados, 3 cucharadas
de aceite de oliva, 1 cucharada de tomillo y otra de romero,
ambos troceados. Marine en esta mezcla el pescado y
las hortalizas durante 30 minutos y, después, ensártelos
y cocínelos como se indica en la receta.

platija frita con salsa de mostaza

182 calorías por ración
4 raciones
tiempo de preparación
  10 minutos
tiempo de cocción **10 minutos**

1 cucharadita de **aceite de oliva**
1 **cebolla** pequeña, troceada fina
1 **diente de ajo**, majado
4 **filetes de platija** o **lenguado**,
  de unos 150 g cada uno
125 ml de **vino blanco seco**
2 cucharadas de **mostaza**
  de grano entero
200 ml de **crema fresca**
2 cucharadas de una mezcla de
  hierbas aromáticas troceadas

Caliente el aceite en una sartén grande; añada la cebolla
y el ajo y fríalos durante 3 minutos, hasta que estén tiernos.

Agregue los filetes de pescado y cocínelos durante 1 minuto
por cada lado. Después, vierta el vino y deje que hierva a fuego
lento hasta que se reduzca a la mitad.

Incorpore y remueva los ingredientes restantes y, cuando
alcance el punto de ebullición, deje que se cuezan a fuego
lento durante 3 o 4 minutos, hasta que la salsa se haya
espesado ligeramente y el pescado esté tierno. Sírvalo
con arroz o patatas nuevas y hortalizas al vapor.

Para preparar salmón con pepino y crema fresca, cocine
la cebolla y el ajo como se indica en la receta. Prescinda
de la platija o el lenguado. Añada 400 g de salmón, cortado
en pedazos gruesos, y cocínelo, sin dejar de remover,
durante 1 minuto. Vierta el vino, deje que hierva lentamente,
como en la receta, y agregue 1 cucharada de mostaza
de grano entero, la crema fresca y ¼ de pepino pelado
y cortado en rodajas. Cocínelo durante 2 minutos y, después,
incorpore 1 cucharada de eneldo, en lugar de la mezcla
de hierbas, y remueva.

vieiras con puré de judías blancas

293 calorías por ración
4 raciones
tiempo de preparación
10 minutos
tiempo de cocción **15 minutos**

2 latas de 400 g de **judías
blancas**, escurridas y lavadas
2 **dientes de ajo**
200 ml de **caldo vegetal**
(*véase* pág. 44)
2 cucharadas de **perejil** troceado
2 cucharaditas de **aceite
de oliva**
16 **puerros pequeños**
3 cucharadas de **agua**
16 **vieiras** grandes, sin concha
y preparadas

Ponga las judías, el ajo y el caldo en una cacerola; llévelo
a ebullición y, cuando rompa a hervir, baje el fuego a lento
y deje que se cocine durante 10 minutos. Retírelo del fuego,
escurra cualquier exceso de líquido y, después, haga un
puré, añada el perejil y remueva bien. Manténgalo caliente.

Caliente la mitad del aceite en una sartén antiadherente;
añada los puerros y fríalos durante 2 minutos. Después,
incorpore el agua, tape y deje que hiervan a fuego lento
durante 5 o 6 minutos, hasta que estén tiernos.

Mientras, caliente el resto del aceite en una sartén pequeña;
añada las vieiras y fríalas durante 1 minuto por cada lado.
Sírvalas con el puré de judías blancas y los puerros.

**Para preparar vieiras envueltas en jamón serrano
con puré de judías al queso,** haga el puré como se indica
en la receta, pero sustituya el perejil por 2 cucharadas
de queso parmesano recién rallado. Recorte la grasa de
8 lonchas de jamón serrano y córtelas por la mitad a lo ancho.
Envuelva una vieira en cada loncha de jamón y condiméntela con
sal y pimienta negra. Prescinda de los puerros. Caliente el aceite
en una sartén antiadherente grande; fría las vieiras con jamón
durante 2 minutos por cada lado y sírvalas con el puré.

curry tailandés de mejillones con jengibre

230 calorías por ración
4 raciones
tiempo de preparación
30 minutos
tiempo de cocción **13 minutos**

½ o 1 **guindilla roja** grande
(al gusto)
2 **escalonias**, cortadas
en cuartos
1 **tallo de hierba limonera**
un pedazo de **jengibre fresco**
de 2,5 cm, pelado y troceado
1 cucharada de **aceite**
de girasol
1 lata de 400 ml de **leche**
de coco semidesgrasada
4 o 5 **hojas de lima** *kaffir*
150 ml de **caldo de pescado**
2 cucharaditas de **salsa**
de pescado tailandesa
1,5 kg de **mejillones frescos**,
remojados en agua fría
un manojo pequeño de **cilantro**,
en pedazos, para la decoración

Corte la guindilla por la mitad y añada las semillas si desea un picor extra. Ponga la guindilla, las escalonias y la hierba limonera en un robot de cocina y procéselas hasta que estén troceada finas.

Caliente el aceite en una cacerola grande y profunda; añada los ingredientes troceados finos y fríalos a fuego medio durante 5 minutos, sin dejar de remover, hasta que estén tiernos. Agregue la leche de coco, las hojas de lima *kaffir*, el caldo de pescado y la salsa de pescado, y cocínelo durante 3 minutos. Resérvelo hasta que esté listo para coronar el plato.

Mientras, examine los mejillones y descarte cualquiera que esté abierto o tenga la valva partida. Frótelos con un cepillo pequeño de uñas, límpielos bien y arranque las pequeñas barbas. Póngalos en un cuenco con agua limpia y déjelos hasta que vaya a cocinarlos.

Recaliente la mezcla de la leche de coco. Escurra los mejillones y añádalos a la preparación. Tape la cacerola y cocínelos durante unos 5 minutos, hasta que las valvas se hayan abierto.

Con una cuchara de servir, ponga los mejillones y la salsa de coco en cuencos, descartando cualquier mejillón que no se haya abierto. Decore con el cilantro.

Para preparar curry tailandés de pollo y berenjena, siga la receta anterior hasta el final del segundo paso. Prescinda de los mejillones. Añada 250 ml de caldo de pollo y, cuando alcance el punto de ebullición, agregue 1 berenjena cortada en dados y 300 g de pechuga de pollo cortada en pedazos grandes. Cuando vuelva a hervir, tápelo, baje el fuego a lento y deje que se cocine de 12 a 15 minutos, hasta que el pollo esté cocido y la berenjena tierna. Sírvalo con cilantro por encima.

vieiras con yogur al cilantro

217 calorías por ración
2 raciones
tiempo de preparación
15 minutos
tiempo de cocción **5 minutos**

150 g de **yogur natural**
2 cucharadas de **cilantro** troceado
la ralladura y el jugo de **1 lima**
2 cucharaditas de **aceite de sésamo**
½ **cebolla roja** pequeña, troceada fina
15 g de **jengibre fresco**, rallado
1 **diente de ajo**, majado
2 cucharaditas de **azúcar de lustre**
2 cucharaditas de **salsa de soja oscura**
1 cucharada de **agua**
1 **pimiento verde** puntiagudo, en rodajas finas
12 **vieiras** grandes
roqueta, para servir

Mezcle el yogur, el cilantro y la ralladura de lima en un cuenco y, después, páselos a una fuente de servir.

Caliente la mitad del aceite en una cacerola pequeña y fría a fuego lento la cebolla durante 3 minutos, hasta que esté tierna. Retire la cacerola del fuego y añada el jengibre, el ajo, el azúcar, la salsa de soja, el agua y el jugo de lima.

Unte una plancha con el resto del aceite y agregue el pimiento verde y las vieiras. Cocine las vieiras durante 1 minuto por cada lado, hasta que estén hechas por dentro, y el pimiento durante un poco más, si es necesario.

Apile el pimiento y las vieiras en platos de servir junto con la roqueta. Caliente bien el glaseado de soja y, con una cuchara, viértalo sobre las vieiras. Sírvalas con la salsa de yogur.

Para preparar ensalada de calamar y roqueta con glaseado dulce de soja, prescinda de las vieiras y el pimiento verde. Prepare la salsa de yogur y cilantro y resérvela. Caliente 2 cucharaditas de aceite de cacahuete en un wok o sartén grande en el fuego fuerte. Añada 350 g de aros de calamar y sofríalos durante 1 minuto antes de añadir la cebolla, el jengibre y el ajo. Cocínelos, sin dejar de remover, durante 1 minuto y, después, agregue el azúcar, la salsa de soja, el agua y sólo 1 cucharadita de aceite de sésamo. Remueva durante 30 segundos y, después, retírelo del fuego y sírvalo sobre un lecho de hojas de roqueta, con la salsa de yogur y cilantro a un lado.

langostinos con tamarindo y lima

122 calorías por ración
6 raciones
tiempo de preparación
5 minutos
tiempo de cocción **10 minutos**

1 kg de **langostinos** crudos
  y sin pelar (previamente
  descongelados,
  si son congelados)
2 cucharadas de **aceite de oliva**
1 **cebolla** grande, troceada
3 o 4 **dientes de ajo**, troceados
  finos
un trozo **de jengibre fresco**
  de 4 cm, pelado y troceado fino
2 cucharaditas
  de **pasta de tamarindo**
el jugo de 2 **limas**
300 ml de **caldo de pescado**

para **decorar**
un manojo pequeño de **cilantro**,
  cortado en trozos
gajos de lima

Lave las gambas en agua fría y escúrralas bien. Caliente el aceite en una cacerola o un wok grandes, añada la cebolla y fríala durante 5 minutos, hasta que empiece a dorarse.

Agregue el ajo, el jengibre y la pasta de tamarindo y remueva. Después incorpore el jugo de lima y vuelva a remover hasta que se mezcle bien.

Lleve el caldo a ebullición, añada los langostinos y cocínelos, sin dejar de remover, durante 5 minutos, hasta que adquieran un color rosado intenso. Repártalos en cuencos de servir y sírvalos decorados con las hojas de cilantro y los gajos de lima.

Para preparar langostinos con tomate y coco, dore la cebolla como se indica en la receta. Añada los langostinos, el ajo y el jengibre y fría hasta que los primeros tomen un tono rosado. Después, agregue el jugo de lima, 2 cucharadas de pasta de tamarindo, 100 ml de leche de coco y 3 tomates medianos sin semillas y troceados finos. Prescinda del caldo. Cuando empiece a hervir, baje el fuego a lento y deje que se cueza durante 2 minutos. Decórelos con cilantro y gajos de lima.

langosta con escalonias y vermú

275 calorías por ración
4 raciones
tiempo de preparación **1 hora**
tiempo de cocción
10-11 minutos

2 **langostas cocidas**,
de 625-750 g cada una
2 cucharadas de **aceite de oliva**
2 **escalonias**, troceadas finas
4 **filetes de anchoa** de lata,
escurridos y troceados finos
6 cucharadas de **vermú seco**
6 cucharadas de **crema fresca**
2-4 cucharaditas de **jugo**
de limón fresco (al gusto)
pimienta

para **decorar**
pimentón
roqueta

Coloque una de las langostas boca arriba. Córtela por la mitad, empezando por la cabeza, siguiendo la línea natural entre las pinzas y extendiendo la cola a medida que corta hacia abajo, hasta que se pueda separar la langosta en dos. Retire el intestino con aspecto de hilo negro que discurre a lo largo de la cola, y la pequeña bolsa blancuzca que hay en la parte superior de la cabeza. Deje el hígado verdoso, ya que es una auténtica delicia.

Retuerza las pinzas grandes hasta arrancarlas. Rómpalas con unas tenazas de pollería, un cascanueces, una mano de mortero o un rodillo de cocina. Con cuidado, retire la parte externa, saque la carne blanca y firme y deseche la membrana dura y blanca, de forma oval, que hay en el centro de la pinza. Arranque del mismo modo las pinzas pequeñas, teniendo cuidado de no romper la carne del cuerpo, y deséchelas.

Extraiga con una cuchara la densa carne blanca de la cola, córtela en rodajas y resérvela. Despacio, y con cuidado, saque el resto de la carne del cuerpo de la langosta, y compruebe que no haya ningún trozo de caparazón ni hueso. Lave las partes externas principales y póngalas en cuatro platos de servir.

Caliente el aceite en una sartén grande, añada las escalonias y fríalas a fuego lento durante 5 minutos, hasta que estén tiernas y empiecen a dorarse. Agregue las anchoas, el vermú y la pimienta, remueva bien y fría durante 2 minutos.

Incorpore la carne de langosta y la crema fresca, y deje que se caliente bien durante 3 o 4 minutos. Añada jugo de limón al gusto y remueva. Con una cuchara, ponga la mezcla en el caparazón preparado, espolvoréela con pimentón y decórela con roqueta.

asado de calabaza y queso de cabra

230 calorías por ración
4 raciones
tiempo de preparación
20 minutos
tiempo de cocción
25-30 minutos

400 g de **remolacha roja cruda**,
pelada y cortada en dados
625 g de **calabaza** o **calabaza
moscada**, pelada, sin semillas
y cortada en dados ligeramente
mayores
1 **cebolla roja**, cortada en cuñas
2 cucharadas de **aceite de oliva**
2 cucharaditas de **semillas
de hinojo**
2 **quesos de cabra** pequeños,
de 100 g cada uno
sal y **pimienta**
romero troceado,
para decorar

Ponga la remolacha, la calabaza y la cebolla en una fuente
de asar; rocíelas por encima con el aceite y esparza las
semillas de hinojo, sal y pimienta. Ase las hortalizas en un
horno, precalentado a 200 °C, de 20 o 25 minutos; deles
la vuelta una vez, hasta que estén bien doradas y tiernas.

Corte los quesos de cabra por la mitad y coloque cada
una de ellas entre las hortalizas asadas. Esparza un
poco de sal y pimienta en los quesos y rocíe con un poco
del jugo de la fuente.

Vuelva a introducir la fuente en el horno durante unos
5 minutos, hasta que el queso empiece a derretirse.
Espolvoree con romero y sirva enseguida.

Para preparar _penne_ con remolacha roja y calabaza, ase
las hortalizas como se indica en la receta de 20 a 25 minutos
y prescinda de las semillas de hinojo. Hierva 300 g de _penne_
en agua hirviendo con sal y escúrralos, reservando un cucharón
del agua de la cocción. Vuelva a poner la pasta en la cacerola
y añada las hortalizas asadas, un puñado de hojas de albahaca
cortadas en trozos y el agua de cocción reservada. Prescinda del
queso de cabra y el romero. Póngalo en el fuego fuerte, sin dejar
de remover, durante 30 segundos y sirva.

salchichas de tofu ahumado y albaricoque

232 calorías por ración
4 raciones
tiempo de preparación
20 minutos
tiempo de cocción **10 minutos**

225 g de **tofu ahumado**
2 cucharadas de **aceite de oliva**,
    y un poco más para freír
1 **cebolla** grande, troceada
    gruesa
100 g de **orejones de
    albaricoque sin remojar**,
    troceados gruesos
50 g de **pan rallado**
1 **huevo**
1 cucharada de **salvia troceada**
sal y **pimienta**

Seque el tofu con papel de cocina y rómpalo en pedazos gruesos. Caliente el aceite en una sartén y fría la cebolla y el apio durante 5 minutos, hasta que estén tiernos. Póngalos en un robot de cocina y añada el tofu y los orejones. Procese los ingredientes hasta formar una pasta rugosa, y rebañe la mezcla de las paredes del recipiente, si es necesario.

Vuelque la preparación en un cuenco y añada el pan rallado, el huevo y la salvia. Salpimiéntela y bátala bien hasta que todo esté mezclado de manera uniforme.

Divida la mezcla en ocho raciones. Con un poco de harina en las manos, dé a cada ración la forma de una salchicha, presionando el preparado para que quede firme y compacto.

Caliente un poco de aceite en una sartén antiadherente y fría las salchichas durante unos 5 minutos, hasta que se doren. Sírvalas con patatas fritas cortadas gruesas y una salsa de especias.

Para preparar una salsa de manzana con especias, como acompañamiento de las salchichas, pele 4 manzanas, quíteles el centro y córtelas en pedazos gruesos. Póngalas en una cacerola con 100 ml de sidra seca, 1 palito de canela, 2 cucharaditas de azúcar moreno claro y blando y ½ cucharadita de guindilla majada. Tape la cacerola y cocine a fuego lento hasta que las manzanas se hayan deshecho. Deje que se enfríe antes de servir.

strogonoff de champiñones silvestres

206 calorías por ración
4 raciones
tiempo de preparación
   15 minutos
tiempo de cocción
   15-16 minutos

25 g de **mantequilla**
1 cucharada de **aceite de oliva**
1 **cebolla**, en rodajas
400 g de **boletos castaños**,
   en rodajas
2 **dientes de ajo**, troceados finos
2 cucharaditas de **pimentón**,
   y un poco más para decorar
6 cucharadas de **vodka**
400 ml de **caldo vegetal**
   (*véase* pág. 44)
una pizca generosa de **canela
   molida**
una pizca generosa de **macia
   molida**
150 g de **champiñones
   silvestres**, los grandes
   cortados en rodajas gruesas
6 cucharadas de **crema fresca**
sal y **pimienta**
perejil troceado,
   para decorar

Caliente la mantequilla y el aceite en una sartén; añada la cebolla y fríala durante 5 minutos, hasta que esté ligeramente dorada. Añada los boletos castaños y el ajo, remueva, y cocínelos durante 4 minutos. Incorpore el pimentón, y siga cocinando durante 1 minuto más.

Vierta el vodka en la sartén. Cuando empiece a burbujear, enciéndalo con una cerilla y aléjese lo suficiente de las llamas. Una vez que se hayan apagado, incorpore el caldo, la canela y la macia, salpimiente y remueva. Deje que hierva durante 3 o 4 minutos.

Añada los champiñones silvestres y cocine durante 2 minutos. Agregue 2 cucharadas de crema fresca y remueva.

Con una cuchara, reparta el *strogonoff* en 4 platos de servir y corónelo con cucharadas de la crema fresca restante un poco de pimentón y perejil. Sírvalo con puré de boniato.

Para preparar el puré de boniato, como acompañamiento de *strogonoff*, pele 2 boniatos grandes y córtelos en trozos gruesos. Cuézalos al vapor o en agua hasta que estén tiernos; después, haga un puré junto con 2 cucharadas de crema fresca y nuez moscada rallada. Salpimiente.

tofu a la *chermoula* y hortalizas asadas

241 calorías por ración
4 raciones
tiempo de preparación
   15 minutos
tiempo de cocción **1 hora**

25 g de **cilantro**, troceado fino
3 **dientes de ajo**, troceados
1 cucharadita de **semillas de comino**, ligeramente majadas
la ralladura de 1 **limón**
½ cucharadita de **guindilla seca majada**
4 cucharadas de **aceite de oliva**
250 g de **tofu**
2 **cebollas rojas**, en cuartos
2 **calabacines**, en rodajas gruesas
2 **pimientos rojos**, sin semillas y cortados en rodajas
2 **pimientos amarillos**, sin semillas y cortados en rodajas
1 **berenjena** pequeña, cortada en rodajas gruesas
sal

Para preparar la *chermoula*, mezcle en un cuenco el cilantro, la ralladura de limón y la guindilla con 1 cucharada de aceite y un poco de sal.

Seque el tofu con papel de cocina, córtelo por la mitad y cada mitad en lonchas finas en horizontal. Extienda generosamente la *chermoula* sobre las lonchas.

Esparza las hortalizas en una bandeja de asar y rocíelas con el resto del aceite. Áselas en el horno, precalentado a 200 °C, durante unos 45 minutos, hasta que estén ligeramente doradas, y dé la vuelta a los ingredientes una o dos veces durante el proceso.

Disponga las lonchas de tofu sobre las hortalizas, con la cara recubierta de *chermoula* hacia arriba, y áselas de 10 a 15 minutos más, hasta que el tofu esté ligeramente dorado. Sírvalo con patatas nuevas untadas con un poco de mantequilla.

Para preparar atún a la *chermoula* con tomate y berenjena, prescinda del tofu, los calabacines y los pimientos. Prepare la *chermoula* como en la receta y extiéndala toda sobre 4 filetes de atún de unos 125 g cada uno. Déjelo marinar mientras cocina las hortalizas. Esparza las cebollas en una bandeja de asar con 2 berenjenas grandes cortadas en rodajas gruesas y una lata de 400 g de tomates troceados. Añada el resto del aceite y cocinelo durante 45 minutos, según indica la receta. Caliente una sartén antiadherente o una plancha en el fuego fuerte y cocine el atún durante 1 minuto y medio por cada lado. Sírvalo con las hortalizas.

postres

brazo de gitano de fresas

110 calorías por ración
8 raciones
tiempo de preparación
30 minutos, más tiempo
de enfriado
tiempo de cocción **8 minutos**

3 **huevos**
125 g de **azúcar de lustre**
125 g de **harina blanca**
1 cucharada de **agua caliente**
500 g de **fresas** frescas
o congeladas, previamente
descongeladas, escurridas
y cortadas en cuartos,
o 425 g de **fresas en jugo
natural**, escurridas
y cortadas en cuartos
200 g de **queso fresco natural**
o **yogur natural**
azúcar de lustre, para
espolvorear

Unte ligeramente con aceite un molde de horno para brazo de gitano de 33 × 23 cm. Recúbralo con una hoja de papel de asar que sobresalga aproximadamente 1 cm de los lados del molde. Engrase ligeramente el papel.

Bata los huevos y el azúcar en un cuenco grande, sobre una cacerola llena de agua caliente, hasta que el batido tenga un color pálido y una consistencia espesa. Tamice la harina e incorpórela en la mezcla del huevo con el agua caliente. Vierta la masa en el molde preparado y hornéela en el horno, precalentado a 220 °C, durante 8 minutos, hasta que esté dorado y cuajado.

Mientras, coloque, sobre un paño de cocina limpio y húmedo, una hoja de papel sulfurizado de 2,5 cm más ancha por el contorno que el molde de brazo de gitano. Una vez cocinado, vuelque el bizcocho al revés sobre esta segunda lámina de papel. Separe la lámina de papel de la masa horneada y enrolle el brazo de gitano con el nuevo papel. Envuélvalo con el paño de cocina y colóquelo sobre una rejilla de horno hasta que se enfríe. Desenróllelo con cuidado.

Añada la mitad de las fresas al queso fresco o el yogur y extienda la mezcla sobre el bizcocho. Enróllelo y corte los extremos. Espolvoréelo con el azúcar de lustre y decórelo con fresas. Bata el resto de las fresas en un robot de cocina y sirva con el brazo de gitano a modo de salsa.

Para preparar un brazo de gitano de vainilla y confitura, prepare la masa como se indica en la receta, e incorpore ½ cucharadita de extracto de vainilla antes de hornearla. Enróllela, envuélvala y déjela enfriar. Caliente 150 g de confitura de frambuesa y extiéndala sobre el bizcocho. Enróllelo, corte los extremos y espolvoree con azúcar de lustre.

pasteles de pacanas perfectos

303 calorías por ración
8 raciones
tiempo de preparación
   15 minutos, más tiempo
   de refrigerado y enfriado
tiempo de cocción **20 minutos**

75 g de **harina de arroz integral**
50 g de **harina de garbanzos**
75 g de **polenta**
1 cucharadita de **xantana**
125 g de **mantequilla**, en dados
2 cucharadas de **azúcar
   blanquilla**
1 **huevo**, batido

para el **relleno**
100 g de **azúcar mascabado
   claro**
150 g de **mantequilla**
125 g de **miel**
2 cucharadas
   de **pacanas**, cortadas
   por la mitad, la mitad
   de ellas troceadas gruesas
2 **huevos**, batidos

Ponga las harinas, la polenta, la xantana y la mantequilla en un robot de cocina y procéselas hasta que la mezcla se asemeje a pan finamente rallado, o mézclalas a mano en un cuenco grande. Incorpore el azúcar.

Añada el huevo y mezcle muy suavemente con un cuchillo, agregando suficiente agua fría (probablemente un par de cucharaditas) para hacer una masa. Evite que quede demasiado húmeda. Amásela durante un par de minutos y, después, envuélvala bien en film transparente y refrigérela durante 1 hora.

Mientras, ponga el azúcar, la mantequilla y la miel para el relleno en una cacerola mediana y caliéntelos hasta que el azúcar se haya disuelto. Deje que se enfríe durante 10 minutos.

Saque la masa del frigorífico mientras se cocina el relleno. Amásela de nuevo, para ablandarla un poco, sobre una superficie ligeramente espolvoreada de harina de arroz integral. Divida la masa en ocho partes; después, aplane cada una con el rodillo hasta que alcance un grosor de 2,5 mm y utilícelas para recubrir ocho moldes para pastel individuales de 11,5 cm de diámetro; pase después el rodillo sobre la parte superior para recortar el exceso de masa.

Añada las pacanas troceadas y los huevos a la preparación para relleno, mezcle bien y viértala en los moldes recubiertos de masa. Disponga las medias pacanas sobre la superficie y, después, hornee los moldes en el horno, precalentado a 200 °C, de 15 a 20 minutos, hasta que el relleno esté bien firme. Saque los pasteles de sus moldes y deje que se enfríen. Sírvalos con crema fresca.

tarta de pera al caramelo y mazapán

268 calorías por ración
8 raciones
tiempo de preparación
   10 minutos, más tiempo
   de enfriado
tiempo de cocción **45 minutos**

50 g de **mantequilla sin sal**
50 g de **azúcar moreno claro**
6 **peras** maduras, peladas,
   cortadas por la mitad
   y sin el corazón
25 g de **mazapán**
250 g de **masa quebrada**

Ponga la mantequilla y el azúcar en un molde para tarta de fondo fijo de 22 cm. Póngalo a fuego moderado y, sin dejar de remover, cueza el caramelo durante unos 5 minutos, hasta que se dore.

Rellene con un pequeño mazapán el corazón de cada mitad de pera y, después, con cuidado, dispóngalas en el molde con la cara cortada hacia arriba.

Sobre una superficie ligeramente espolvoreada de harina, aplane la masa con un rodillo hasta que tenga el tamaño del molde y, después, póngala sobre la parte superior de las peras y presiónela hacia abajo en torno a ellas. Hornéela en el horno, precalentado a 190 °C, durante unos 40 minutos, hasta que la masa esté dorada y el jugo burbujee.

Déjela enfriar en el molde durante 10 minutos y, después, vuélquela invertida sobre un plato grande y sírvala con un poco de helado.

Para preparar tarta de peras, moras y mazapán, aplane la masa como se indica en la receta y colóquela en una bandeja de hornear. Trocee 4 peras, retíreles el corazón y mézclelas en un cuenco con el azúcar moreno claro, el mazapán y 150 g de moras. Prescinda de la mantequilla. Coloque la fruta en el centro del círculo de masa, dejando un borde libre de 5 cm, y después eleve dicho borde en torno a la fruta para formar una tarta. Con un pincel, unte la masa con 1 cucharada de leche y espolvoréela con 1 cucharada de azúcar de lustre. Hornéela como se indica en la receta y sírvala caliente.

tarta de requesón, ciruelas y almendras

150 calorías por ración
6 raciones
tiempo de preparación
30 minutos, más tiempo
de enfriado y refrigerado
tiempo de cocción **35 minutos**

500 g de **ciruelas rojas**
dulces y maduras,
deshuesadas
y cortadas en cuartos
250 g de **requesón**
4 o 5 cucharadas de
edulcorante granulado
3 **huevos**, separadas las claras
de las yemas
¼ de cucharadita de **esencia**
de almendra
4 cucharaditas de **almendras**
laminadas
1 cucharada de **azúcar**
de lustre, tamizado

Esparza la mitad de las ciruelas sobre el fondo untado
de mantequilla de un molde redondo de 20 cm de diámetro.

Mezcle en un cuenco el requesón, 4 cucharadas del edulcorante,
las yemas de huevo y la esencia de almendra, hasta que quede
una textura uniforme.

Bata las claras de huevo a punto de nieve en un segundo
cuenco hasta conseguir picos firmes y húmedos. Añádalo
a la mezcla del requesón, remueva bien y, después, viértala
con una cuchara sobre las ciruelas. Rocíela con las almendras
laminadas y horneéla en el horno, precalentado a 160 °C,
de 30 a 35 minutos, hasta que la tarta haya subido bien,
tenga un color entre dorado y marrón, y el centro esté
hecho. Compruebe la cocción transcurridos 20 minutos
y tápela holgadamente con papel de aluminio si ve que las
almendras se están poniendo marrones demasiado pronto.

Apague el horno y deje que la tarta se enfríe durante
15 minutos con la puerta entreabierta. Pasado este tiempo,
déjela enfriar bien en el frigorífico.

Mientras, cocine el resto de las ciruelas con 2 cucharadas
de agua en una cacerola tapada durante 5 minutos, hasta que
estén blandas. Deshágalas hasta formar un puré liso; añada
y mezcle el resto del edulcorante, si es necesario, y, después,
viértalo en una jarrita.

Retire el molde y el papel que lo recubre y pase la tarta a un
plato de servir. Espolvoree la superficie con el azúcar de lustre
y sírvala con la salsa cortada en porciones triangulares.

brazo de gitano de chocolate y castañas

215 calorías por ración
8 raciones
tiempo de preparación
 15 minutos, más tiempo
 de enfriado y refrigerado
tiempo de cocción **20 minutos**

6 **huevos**, separadas las claras
 de las yemas
125 g de **azúcar de lustre**
2 cucharadas de **cacao en polvo**
un cartón de 150 ml
 de **nata para batir**, batida
100 g de **puré de castañas** o
 crema de castaña endulzada
azúcar de lustre, para
 espolvorear

Engrase y recubra un molde de horno para brazo de gitano de 20 × 18 cm. Ponga las claras de huevo en un cuenco grande limpio y bátalas hasta que formen picos suaves. Vierta las yemas de huevo y el azúcar en un cuenco aparte y bátalas hasta que la mezcla tenga una textura espesa y un color pálido. Incorpore el cacao en polvo y las claras de huevo y, después, vierta la mezcla en el molde preparado.

Hornéela en el horno, precalentado a 180 °C, durante 20 minutos y, después, retírela del horno y deje que se enfríe en el molde. Vuélquela sobre una lámina de papel sulfurizado previamente espolvoreada con azúcar de lustre.

Vierta la nata en un cuenco grande limpio y bátala hasta que forme picos suaves. Mezcle el puré o la crema de castañas y, después, extienda la preparación sobre el pastel de base.

Enrolle con cuidado, con la ayuda del papel sulfurizado, el brazo de gitano desde un lado del ancho y trasládelo con no menos cuidado a una fuente de servir (no se preocupe si se agrieta). Espolvoréelo con azúcar de lustre. Refrigérelo hasta que lo vaya a necesitar y consúmalo el mismo día de su elaboración.

Para preparar brazo de gitano de chocolate, albaricoque y nueces, haga el pastel de base como se indica en la receta. Bata la nata para el relleno y, después, mezcle 3 cucharadas de confitura de albaricoque y 50 g de nueces troceadas. Prescinda del puré o la crema de castañas. Extienda el relleno sobre la base y enrolle el brazo de gitano como se indica en la receta. Sírvalo espolvoreado con azúcar de lustre.

mousse de chocolate blanco

192 calorías por ración
6-8 raciones
tiempo de preparación
   10 minutos, más tiempo
   de refrigerado

200 g de **chocolate blanco**,
   troceado
4 cucharadas de **leche**
12 **vainas de cardamomo**
200 g de **tofu japonés**
50 g de **azúcar blanquilla**
1 **clara de huevo**
crema fresca o **yogur natural**
cacao en polvo, para
   espolvorear

Ponga el chocolate y la leche en un cuenco para cocinar y derrítalos sobre una cacerola con agua ligeramente hirviendo. Para extraer las semillas de cardamomo, maje las vainas en un mortero. Deseche las vainas y machaque las semillas finas.

Ponga las semillas de cardamomo y el tofu en un robot de cocina con la mitad del azúcar y bátalos bien hasta obtener una pasta lisa. Vierta la mezcla en un cuenco grande.

Bata la clara de huevo en un cuenco bien limpio hasta que forme picos. Poco a poco, añada y bata el resto del azúcar.

Bata a mano la preparación del chocolate fundido con el tofu hasta que estén bien mezclados. Con una cuchara grande de metal, añada e incorpore la clara de huevo. Use también una cuchara para poner la *mousse* en pequeñas tazas de café o vasos e introdúzcalos en el frigorífico durante al menos 1 hora. Sírvalos coronados con cucharadas de crema fresca o yogur y espolvoreados con un poco de cacao en polvo.

Para preparar tarrinas de chocolate blanco y *amaretto*, elabore la mezcla de *mousse* como se indica en la receta, pero prescinda del cardamomo y añada 2 cucharadas de *amaretto* cuando bata el tofu. Complete el postre y refrigérelo como se indica en la receta. Sirva las tarrinas con frambuesas frescas, en lugar de con la crema fresca o el yogur, y cacao en polvo.

suflés de chocolate y frambuesas

287 calorías por ración
4 raciones
tiempo de preparación
 10 minutos
tiempo de cocción **15 minutos**

100 g de **chocolate negro**
3 **huevos**, separadas las claras
 de las yemas
50 g de **harina bizcochona**,
 tamizada
40 g de **azúcar blanquilla**
150 g de **frambuesas**, y un poco
 más para servirse (opcional)
azúcar de lustre, para
 espolvorear

Rompa el chocolate en cuadrados y póngalos en un cuenco sobre una cacerola con agua ligeramente hirviendo, hasta que se derrita.

Vierta el chocolate fundido en un cuenco grande y bata las yemas de huevo. Añada la harina y mezcle.

Bata las claras de huevo con el azúcar en un cuenco mediano hasta que se formen picos suaves. Bata una cucharada de esta mezcla con la del chocolate para aligerar su consistencia antes de seguir incorporando, suavemente, el resto de la clara.

Reparta las frambuesas en cuatro ramequines ligeramente untados con aceite; vierta encima la mezcla del chocolate y hornéelo en el horno, precalentado a 190 °C, de 12 a 15 minutos, hasta que los suflés hayan subido.

Espolvoréelos con azúcar de lustre y sírvalos con las frambuesas sobrantes, si lo desea.

Para preparar suflés de chocolate y café, añada al chocolate fundido 2 cucharaditas de café instantáneo y bátalo hasta que se disuelva. Hornee los suflés como se indica en la receta, pero prescinda de las frambuesas. Prepare una crema de capuchino, para servir con los suflés, con 2 cucharadas de café fuerte, endulzado, con 100 ml de crema fresca. Sirva los suflés recién sacados del horno con una cucharada de crema.

tarta de queso *brûlée* con vainilla

160 calorías por ración
6-8 raciones
tiempo de preparación
   30 minutos, más tiempo
   de enfriado y refrigerado
tiempo de cocción
   30-35 minutos

3 paquetes de 200 g
   de **queso crema**
6 cucharadas de **edulcorante**
   granulado
1 ½ cucharaditas de **esencia**
   de vainilla
la ralladura de ½ **naranja**
4 **huevos**, separadas las claras
   de las yemas
1 cucharada de **azúcar**
   de lustre, tamizado
3 **naranjas**, peladas y en gajos,
   para servir

Mezcle en un cuenco el queso crema, el edulcorante, la esencia de vainilla, la ralladura de naranja y las yemas de huevo hasta obtener una textura uniforme.

Bata las claras de huevo a punto de nieve hasta que formen picos suaves; después, mezcle una cucharada de la mezcla con la preparación del queso para rebajarla. Añada el resto de la clara y mezcle con suavidad.

Vierta la preparación en un molde redondo para tarta de 20 cm, untado de mantequilla, y nivele la superficie. Hornee en el horno, precalentado a 160 °C, de 30 a 35 minutos, hasta que haya subido bien y esté tostada por fuera y cocida en el centro.

Apague el horno y deje que la tarta se enfríe en su interior durante 15 minutos con la puerta ligeramente entreabierta. Sáquela del horno; deje que se enfríe del todo y, después, introdúzcala en el frigorífico durante 4 horas. (La tarta de queso se reducirá ligeramente a medida que se vaya enfriando.)

Despegue la tarta del molde con un cuchillo y pásela a una fuente de servir. Espolvoree la superficie con el azúcar de lustre y caramelice al azúcar con un soplete de cocinero. Sírvala antes de que transcurran 30 minutos, mientras el azúcar esté todavía duro y crujiente. Córtela en cuñas y dispóngala en platos con los gajos de naranja.

slump de naranja, ruibarbo y jengibre

278 calorías por ración
6 raciones
tiempo de preparación
10 minutos
tiempo de cocción **20 minutos**

750 g de **ruibarbo**, cortado
en trozos de 1,5 cm
½ cucharadita de **jengibre**
molido
50 g de **azúcar de lustre**
sin refinar
la ralladura y el jugo de **1 naranja**
4 cucharadas de **queso**
mascarpone
175 g de **harina bizcochona**,
tamizada
50 g de **mantequilla sin sal**,
cortada en trozos pequeños
la ralladura de **1 limón**
6 cucharadas de **leche**

Ponga el ruibarbo, la mitad del azúcar y la ralladura
y el jugo de naranja en una cacerola mediana y colóquela
en el fuego. Cuando alcance el punto de ebullición, baje el
fuego y deje que se cueza lentamente durante 5 o 6 minutos,
justo hasta que el ruibarbo esté tierno.

Pase el ruibarbo a una fuente de asar y añada por encima
cucharadas de mascarpone.

Ponga la harina en un cuenco. Agregue la mantequilla
y remueva apretando con los dedos hasta que la mezcla
tenga un aspecto de pan rallado fino. Incorpore el resto
del azúcar, la ralladura de limón y la leche, y remueva
rápidamente hasta que se mezcle bien. Coloque cucharadas
de la mezcla sobre el ruibarbo y el mascarpone.

Hornee en el horno, precalentado a 200 °C, de 12 a 15 minutos,
hasta que esté dorado y burbujee. Sírvalo con natillas con bajo
contenido en grasa.

Para preparar un *slump* de ciruelas y manzana,
sustituya el ruibarbo por 500 g de ciruelas, deshuesadas
y cortadas en pedazos de 1,5 cm, y 1 manzana de postre,
sin corazón y cortada en dados. Cocínelas con el jengibre,
el azúcar y la naranja, hasta que estén tiernas y, después,
colóquelas en una fuente de asar. Agregue por encima
4 cucharadas de crema fresca en lugar del mascarpone
y, después, complete como se indica en la receta.

granizado de cava

80 calorías por ración
6 raciones
tiempo de preparación
    25 minutos, más tiempo
    de enfriado y congelado

40 g de **azúcar de caña claro**
150 ml de **agua hirviendo**
375 ml de **cava semiseco**
150 g de **frambuesas**

Mezcle el azúcar con el agua hasta que el primero se disuelva y, después, deje que se enfríe.

Incorpore el jarabe de azúcar con el cava. Vierta la mezcla en una fuente de asar antiadherente de manera que no supere los 2,5 cm de profundidad.

Congélela durante 2 horas, hasta que esté semicuajada, y después rompa los cristales con un tenedor. Vuelva a introducir la preparación en el congelador durante otras 2 horas, batiéndola cada 30 minutos, hasta que forme finos copos helados.

Con una cuchara de servir, ponga el granizado en copas de cava anchas coronado con las frambuesas.

Para preparar granizado de pomelo y jengibre, ralle un pedazo de jengibre de 2,5 cm sobre el agua hirviendo con azúcar y remueva hasta que éste se haya disuelto. Déjelo reposar durante 30 minutos y, después, mezcle el jarabe de azúcar y jengibre con 350 ml de jugo fresco de pomelo rosado, en lugar de con el cava. Complete como se indica en la receta, pero prescinda de las frambuesas.

parfait de ruibarbo y jengibre

110 calorías por ración
6 raciones
tiempo de preparación
   20 minutos, más tiempo de
   remojo, enfriado y refrigerado
tiempo de cocción **8-9 minutos**

400 g de **ruibarbo picado**
un pedazo de **jengibre**
   fresco de 2,5 cm,
   pelado y troceado fino
5 cucharadas de **agua**
3 cucharaditas de **gelatina**
   en polvo
4 **yemas de huevo**
6 cucharadas de **edulcorante**
   granulado
200 ml de **leche**
2 **claras de huevo**
125 g de **crema fresca**
unas pocas gotas de **colorante**
   alimentario rosa (opcional)
corteza de naranja,
   para decorar

Corte el ruibarbo en rodajas y póngalas en una cacerola
con el jengibre y 2 cucharadas del agua. Tape y deje que hierva
a fuego lento durante 5 minutos, justo hasta que esté tierno,
pero tenga aún un color rosa intenso. Deshágalo o hágalo puré.

Ponga el resto del agua en un cuenco y vierta la gelatina,
asegurándose de que el agua absorba todo el polvo. Déjelo
reposar durante 5 minutos.

Bata las yemas de huevo con el edulcorante justo hasta
que se hayan mezclado. Vierta la leche en una cacerola
pequeña; póngala al fuego y, justo cuando empiece a
hervir, añádala poco a poco a las yemas de huevo, batiendo
a la vez hasta hacer una natilla; después vuelva a verterla
en la cacerola. A fuego lento, y sin dejar de remover, deje
que la natilla casi alcance el punto de ebullición, hasta que
se quede pegada a la cuchara. No deje que la natilla hierva
o el huevo se cuajará.

Retire la cacerola del fuego, añada la gelatina y remueva
hasta que se haya disuelto. Vierta la mezcla en un cuenco,
añada el ruibarbo hervido, remueva bien y deje que se enfríe.

Bata las claras de huevo a punto de nieve hasta formar picos
rígidos y húmedos. Agregue a la natilla fría la crema fresca
y unas cuantas gotas de colorante (si lo usa) y remueva bien.
Después, añada las claras batidas y vuelva a mezclar. Reparta
el *parfait* entre seis copas y refrigérelo durante 4 horas, hasta
que esté ligeramente cuajado. Decórelo con corteza de naranja
justo antes de servir.

pavlova de cerezas y nectarinas

245 calorías por ración
6 raciones
tiempo de preparación
   20 minutos, más tiempo
   de enfriado
tiempo de cocción **1 hora**

3 **claras de huevo**
175 g de **azúcar blanquilla**
1 cucharadita de **café fuerte**
250 g de **queso fresco natural**
125 g de **cerezas**, deshuesadas
   y cortadas por la mitad
125 g de **nectarinas**,
   deshuesadas y cortadas
   en pedazos gruesos

Bata las claras de huevo en un cuenco hasta que alcancen el punto de nieve. Añada 1 cucharada del azúcar y, después, mezcle el resto poco a poco. El merengue debería ser satinado y formar picos al verter cucharadas en el cuenco. Incorpore el café fuerte.

Extienda la mezcla de merengue sobre una hoja grande de papel de asar para formar un círculo de 20 cm de diámetro. Ahueque ligeramente el centro del merengue y hornéelo en el horno, precalentado a 120 °C, durante 1 hora, hasta que esté terso y crujiente. Retírelo del horno y déjelo enfriar sobre el papel durante unos 10 minutos antes de despegarlo.

Cuando el merengue esté frío, rellene el hueco central con queso fresco. Disponga los trozos de cereza y nectarina sobre él.

Para preparar *pavlova* de bayas y agua de rosas, elabore la mezcla de merengue como en la receta y añada ¼ de cucharadita de agua de rosas antes de ponerla sobre la lámina de papel y hornearla como se indica en la receta. Mezcle 250 g de bayas frescas variadas (tales como fresas, frambuesas y arándanos) con la corteza y el jugo de ½ limón. Úselo en lugar de las cerezas y nectarinas para colocar sobre el queso fresco.

tarrinas de arándanos borrachos con mascarpone

175 calorías por ración
4 raciones
tiempo de preparación
15 minutos, más tiempo
de macerado y refrigerado.

200 g de **arándanos**
2 cucharadas de **Kirsch** o **vodka**
150 g de **queso mascarpone**
150 g de **yogur natural**
2 cucharadas de **edulcorante granulado**
la ralladura y el jugo de 1 **lima**

Mezcle 150 g de los arándanos con el licor y déjelos macerar durante al menos 1 hora. Después, deshaga los arándanos hasta formar un puré.

Bata el mascarpone y el yogur hasta formar una crema lisa y, después, añada y mezcle el edulcorante y la ralladura y jugo de lima.

Vierta cucharadas alternas de arándanos deshechos y crema de mascarpone en vasos de postre y refrigérelos hasta que estén listos para servir.

Para preparar tarrinas de mango con requesón, sustituya los arándanos por 200 g de mango fresco cortado en dados y remójelo en 2 cucharadas de vodka. Para preparar la crema, sustituya el mascarpone por 200 g de requesón y bátalo con el yogur y 2 cucharadas de miel líquida, en lugar del edulcorante. Añada la ralladura y el jugo de lima y, después, disponga las tarrinas como se indica en la receta.

pasteles y bollería

magdalenas de limón y frambuesa

206 calorías por magdalena
para **12 magdalenas**
tiempo de preparación
  10 minutos, más tiempo
  de enfriado
tiempo de cocción **15 minutos**

150 g de **mantequilla**,
  ablandada
150 g de **azúcar granulado**
75 g de **harina de arroz**
75 g de **levadura en polvo**
la ralladura y el jugo de **1 limón**
3 **huevos**, batidos
125 g de **frambuesas**
1 cucharada de *lemon curd*

Recubra con moldes de papel una bandeja de horno para 12 magdalenas. Ponga todos los ingredientes, excepto las frambuesas y el *lemon curd*, en un cuenco grande y bátalos con una batidora eléctrica o, si lo prefiere, con una cuchara de madera. Añada las frambuesas y mezcle.

Con una cuchara, vierta la mitad de la preparación en los moldes de papel, ponga por encima un poco de *lemon curd* y, después, añada el resto de la mezcla o masa.

Introduzca la bandeja en el horno, precalentado a 200 °C, de 12 a 15 minutos, hasta que las magdalenas estén doradas y firmes al tacto. Sáquelas del horno y páselas a una parrilla para que se enfríen.

Para preparar magdalenas de chocolate y plátano, elabore la masa de magdalena como se indica en la receta, pero sustituya las frambuesas por 1 plátano maduro troceado. Con una cuchara, vierta la mitad de la mezcla en las fundas de papel y, después, ponga encima un pequeño pegote de crema de chocolate de bajo contenido en grasa en lugar del *lemon curd*. Necesitará en torno a 1 cucharada de crema. Termine de llenar con el resto de la masa y hornéelas como se indica en la receta.

magdalenas (grandes) de grosellas negras y almendras

153 calorías por magdalena
para **12 magdalenas**
tiempo de preparación
  5 minutos, más tiempo
  de enfriado
tiempo de cocción **25 minutos**

200 g de **harina**
2 cucharaditas de **levadura en polvo**
½ cucharadita de **bicarbonato**
una pizca de **sal**
50 g de **azúcar blanquilla**
unas pocas gotas de **esencia de almendra**
75 g de **mantequilla sin sal**
200 ml de **suero de leche**
una lata de 300 g de **grosellas negras en zumo natural**, escurridas, o 250 g de **grosellas negras** frescas o congeladas, previamente descongeladas
40 g de **almendras laminadas**

Tamice sobre un cuenco la harina, la levadura en polvo, el bicarbonato y la sal. Después añada el azúcar y mezcle bien.

Mezcle la esencia de almendra, la mantequilla derretida, el suero de leche y las grosellas en un cuenco grande aparte y, después, incorpore muy ligeramente los ingredientes secos. La preparación quedará todavía un poco grumosa.

Vierta con una cuchara la mezcla en los moldes, forrados con papel, de una bandeja de 12 magdalenas. Esparza por encima las almendras laminadas; después, introdúzcala en el horno, precalentado a 190 °C, de 20 a 25 minutos, hasta que hayan subido y estén doradas. Con cuidado, sáquelas con la envoltura de la bandeja y déjelas enfriar sobre una rejilla de horno.

Para preparar magdalenas de frambuesas y coco, elabore la masa de magdalena como se indica en la receta, pero prescinda de la esencia de almendra y sustituya las grosellas por 250 g de frambuesas frescas. Con una cuchara, vierta la masa en los moldes, omita las almendras laminadas y hornee. Mezcle en un cuenco 2 cucharadas de coco rallado y 1 cucharadita de azúcar blanquilla con 1 cucharada de agua hirviendo y reserve la mezcla mientras se hornean las magdalenas. Vierta con una cuchara la preparación sobre las magdalenas cuando las saque del horno y, después, déjelas enfriar en una rejilla.

minimagdalenas de chocolate

71 calorías por unidad
para **40 minimagdalenas**
tiempo de preparación
  30 minutos, más tiempo
  de enfriado
tiempo de cocción **15 minutos**

200 g de **harina de arroz**
  integral
2 cucharadas de **harina**
  de garbanzos
1 cucharadita de **bicarbonato**
2 cucharaditas de **levadura**
  en polvo
½ cucharadita de **xantana**
125 g de **azúcar blanquilla**
  sin refinar
75 g de **mantequilla**, derretida
1 **huevo**, batido
200 ml de **suero de leche**
75 g de **pepitas de chocolate**
  con leche o **chocolate con**
  leche troceado
75 g de **chocolate**
  con leche, para decorar

Recubra con moldes de papel cuatro bandejas para
12 magdalenas pequeñas. Tamice sobre un cuenco grande
las harinas, el bicarbonato, la levadura en polvo y la xantana,
y después añada y mezcle bien el azúcar.

Incorpore la mantequilla, el huevo y el suero de leche
en un cuenco aparte. Mezcle con suavidad los ingredientes
secos y los húmedos, y después añada las pepitas de chocolate
y remueva bien.

Con una cuchara, vierta la preparación en los moldes de papel
y hornee las magdalenas en el horno, precalentado a 200 °C,
durante 15 minutos, hasta que hayan subido y estén doradas.
Sáquelas de los moldes y déjelas enfriar en una rejilla de horno.

Funda el resto del chocolate con leche y rocíelo sobre
las magdalenas frías antes de servir.

Para preparar minimagdalenas de chocolate y naranja,
elabore la masa de magdalena como se indica en la receta,
pero sustituya el chocolate con leche por 2 cucharadas
de cacao en polvo. Trocee gruesa 50 g de corteza de naranja
confitada y mézclela con la masa antes de asarla como
se indica en la receta.

bocados de *banoffee*

122 calorías por unidad
para **24 bocados**

tiempo de preparación
10 minutos, más tiempo
de enfriado
tiempo de cocción **12 minutos**

200 g de **harina de arroz
integral**
75 g de **mantequilla, ablandada**
75 g de **azúcar blanquilla sin
refinar**
2 cucharaditas de **levadura
en polvo**
1 **plátano** grande, majado
2 **huevos**
6 *toffees*, troceados

para **coronar**
1 cucharada de **azúcar
mascabado claro**
15 g de rodajas de **plátano seco**

Recubra con moldes de papel dos bandejas para 12 magdalenas
pequeñas. Ponga todos los ingredientes, excepto los *toffees*,
en un robot de cocina y procéselos hasta obtener una masa
uniforme, o bien bátalos en un cuenco grande. Después,
añada los *toffees* y mezcle.

Vierta con una cuchara la masa en los moldes de papel; rocíela
con la mayor parte del azúcar mascabado e introdúzcalas
en el horno, precalentado a 200 °C, de 10 o 12 minutos,
justo hasta que los bocados estén dorados y firmes al tacto.
Sáquelos del horno y déjelos enfriar en una rejilla.

Corónelos con rodajas de plátano seco y espolvoree con
el resto del azúcar.

**Para preparar minimagdalenas de plátano a la mariposa
y nueces**, elabore la masa de magdalena como se indica
en la receta, pero sustituya los *toffees* por 50 g de nueces
troceadas gruesas. Hornéelas como se ha indicado
y, después, presione 2 mitades de rodaja de plátano contra
cada magdalena para que parezcan alas de mariposa.
Sírvalas con un poco de azúcar de lustre espolvoreado
en lugar de con el azúcar mascabado.

deliciosos *scones* de fresas

292 calorías por *scone*
para **8 scones**

tiempo de preparación
10 minutos, más tiempo
de enfriado
tiempo de cocción **12 minutos**

175 g de **harina de arroz**, y
un poco más para espolvorear
75 g de **harina de patata**
1 cucharadita de **xantana**
1 cucharadita de **levadura
en polvo**
1 cucharadita de **bicarbonato**
75 g de **mantequilla**, en dados
40 g de **azúcar blanquilla**
1 **huevo** grande, batido
3 cucharadas de **suero de leche**,
y un poco más para untar
un cartón de 150 ml de **nata
para batir**
250 g de **fresas**,
ligeramente majadas

Ponga las harinas, la xantana, la levadura en polvo, el bicarbonato y la mantequilla en un robot de cocina y bátalos hasta que la mezcla tenga un aspecto de pan finamente rallado, o bátalos a mano en un cuenco grande. Añada el azúcar y mezcle bien. Agregue el huevo y el suero de leche y, con la hoja de un cuchillo, incorpórelos hasta que se mezclen bien.

Vuelque la masa sobre una superficie ligeramente espolvoreada de harina de arroz y presiónela suavemente hasta conseguir un grosor de 2,5 cm. Recorte ocho *scones* con un cortador de formas de 5 cm. Colóquelos sobre una bandeja de hornear ligeramente enharinada, úntelos con un poco de suero de leche y, después, métalo en el horno precalentado a 220 °C, durante unos 12 minutos, hasta que hayan subido y estén dorados. Sáquelos y déjelos enfriar en una rejilla.

Mientras, bata la nata hasta que forme picos bastante firmes e incorpore las fresas. Corte los *scones* en horizontal por la mitad y rellénelos con la mezcla de nata y fresa.

Para preparar *scones* de pasas con crema de grosellas negras, elabore los *scones* como se indica en la receta y añada a la mezcla 50 g de pasas antes de recortar las formas. Hornéelos y déjelo enfriar como se indica en la receta. Prescinda de la nata y las fresas. Mezcle 3 cucharadas de compota de grosellas negras con 150 ml de queso fresco natural para rellenar los *scones*.

barritas de mango

219 calorías por barrita
para **12 barritas**

tiempo de preparación
10 minutos, más tiempo
de enfriado
tiempo de cocción **30 minutos**

100 g de **azúcar moreno claro
y blando**
150 g de **mantequilla**
2 cucharadas de **melaza**
200 g de **copos de mijo**
2 cucharadas de una
mezcla de **semillas**, tales
como de calabaza y girasol
75 g de **mango seco**,
troceado grueso

Ponga el azúcar, la mantequilla y la melaza en una cacerola de fondo pesado y caliéntelos hasta que se derritan. Después, añada y mezcle los ingredientes restantes.

Vierta, con una cuchara, la preparación en un molde de hornear de 28 × 18 cm, presiónela ligeramente y métala en el horno, precalentado a 150 °C, durante 30 minutos.

Sáquela del horno, divida la superficie con marcas en 12 secciones y déjela enfriar antes de desmoldarla. Corte 12 secciones una vez se haya enfriado.

Para preparar barritas de miel y jengibre, ponga 50 g de azúcar moreno claro en una cacerola con 50 g de miel clara y la mantequilla. Prescinda de la melaza. Caliente la preparación hasta que se derrita y, después, añada los copos de mijo o 200 g de copos de avena rotos y las semillas. En lugar del mango seco, añada y mezcle tallo de jengibre troceado fino. Vierta el preparado en el molde y complete como se indica en la receta.

bocados de albaricoque, higo y semillas variadas

107 calorías por unidad
para **24 bocados**

tiempo de preparación
10 minutos, más tiempo
de enfriado
tiempo de cocción **15 minutos**

150 g de **margarina**
poliinsaturada
75 g de **azúcar moreno claro**
y blando
1 **huevo**, batido
2 cucharadas de **agua**
75 g de **harina integral**
½ cucharadita de **bicarbonato**
100 g de **copos de avena**
enteros
50 g de **orejones de albaricoque**
listos para comer, troceados
50 g de **higos secos**, troceados
50 g de una mezcla de **semillas** ,
tales como de calabaza,
girasol y sésamo

Bata en un cuenco la margarina y el azúcar hasta que
la mezcla adquiera una consistencia ligera y esponjosa.
Después, añada el huevo y el agua y vuelva a batir.

Tamice la harina y el bicarbonato sobre un cuenco,
y agregue el salvado que quede en el colador. Incorpore
los copos de avena, los orejones, los higos y las semillas,
y después mezcle todos los ingredientes con la margarina
azucarada.

Divida la mezcla en trozos del tamaño de una nuez y póngalos
en bandejas de asar forradas con papel sulfurado o papel
de asar antiadherente, y aplánelos ligeramente con el
dorso de un tenedor.

Hornéelos en el horno, precalentado a 180 °C, de
10 a 15 minutos, hasta que se doren. Colóquelos
en una rejilla para que se enfríen.

Para preparar bocados cítricos de higos y piñones,

bata la margarina y el azúcar; después, añada el huevo y
2 cucharadas de jugo de naranja en lugar del agua, y vuelva
a batir. Mezcle el resto de los ingredientes en un cuenco,
pero sustituya los orejones por 50 g de corteza de cítrico
y la mezcla de semillas por 50 g de piñones. Divida la masa
en bocados y hornéelos como se indica en la receta.

galletitas de naranja

30 calorías por galleta
para **unas 80 galletitas**
tiempo de preparación
  10 minutos, más tiempo
  de enfriado
tiempo de cocción **12 minutos**

250 g de **harina**, tamizada
175 g de **mantequilla sin sal**,
  cortada en trozos pequeños
la ralladura de **1 naranja**
½ cucharadita de una mezcla
  de **especias**
75 g de **azúcar blanquilla**
2 cucharaditas de **agua fría**

para **servir**
2 cucharaditas de **azúcar**
  de lustre
1 cucharadita de **cacao en polvo**

Ponga la harina en un cuenco; añada la mantequilla y amalgame con los dedos hasta que la mezcla tenga el aspecto de pan rallado fino. Agregue los ingredientes restantes con el agua y mézclelos hasta formar una masa.

Aplánela con un rodillo sobre una superficie ligeramente enharinada, hasta darle un grosor de 2,5 cm. Con un cortador de formas de 1,5 cm, recorte, aproximadamente, 80 círculos.

Ponga los círculos en bandejas de asar antiadherentes y hornéelos en el horno, precalentado a 200 °C, de 10 a 12 minutos, hasta que se doren. Colóquelos con cuidado en una rejilla para que se enfríen.

Mezcle el azúcar de lustre y el cacao en polvo y espolvoree un poco sobre las galletitas antes de servirlas.

Para preparar galletitas de cardamomo y agua de rosas, machaque 5 vainas de cardamomo y extraiga las semillas. Deseche las vainas, maje las semillas en un mortero y póngalas en un cuenco con la harina y la mantequilla. Mezcle la harina y la mantequilla como se indica en la receta y, después, añada la naranja, el azúcar, 1 cucharadita y media de agua y ½ cucharadita de agua de rosas. Prescinda de las especias. Incorpore bien la masa y, después, aplánela con el rodillo y ásela como se ha indicado. Sirva las galletitas espolvoreadas con azúcar de lustre y omita el cacao en polvo.

galletas de arándanos agrios y avellanas

60 calorías por galleta
para **30 galletas**
tiempo de preparación
   10 minutos, más tiempo
   de enfriado
tiempo de cocción **6 minutos**

50 g de **mantequilla sin sal**,
   ablandada, o **margarina**
40 g de **azúcar granulado**
25 g de **azúcar moreno claro
   y blando**
1 **huevo**, batido
unas cuantas gotas de **esencia
   de vainilla**
150 g de **harina bizcochona**,
   tamizada
50 g de **copos de avena
   enteros**
50 g de **arándanos agrios
   deshidratados** y 40 g de
   avellanas, tostadas y troceadas

Bata en un cuenco grande la mantequilla, los azúcares,
el huevo y la esencia de vainilla hasta obtener una mezcla lisa.

Añada y mezcle la harina y los copos de avena y, después,
los arándanos agrios y las avellanas troceadas.

Ponga cucharaditas del preparado en bandejas de hornear
forradas con papel sulfurado o papel de horno antiadherente
y, después, aplánelas ligeramente con el dorso de un tenedor.

Hornéelas en el horno, precalentado a 180 °C, de 5 a 6 minutos,
hasta que se doren. Déjelas enfriar en una rejilla de horno.

Para preparar galletas de chocolate y jengibre, elabore
la masa como se indica en la receta. Prescinda de los arándanos
agrios y las avellanas y sustitúyalos por 40 g de pepitas de
chocolate negro y 2 trozos de tallo de jengibre troceados
o ½ cucharadita de raíz de jengibre fresca. Mezcle todo
bien y hornee como se ha indicado.

galletas de chocolate blanco

98 calorías por galleta
para **20 galletas**
tiempo de preparación
10 minutos, más tiempo
de refrigerado y enfriado
tiempo de cocción **20 minutos**

50 g de **grasa vegetal blanca**
50 g de **mantequilla**
50 g de **azúcar de lustre**
1 **yema de huevo**
200 g de **harina de arroz
integral**
1 cucharada de **almendras
molidas**
50 g de **chocolate blanco**,
rallado
2 cucharaditas de **azúcar
de lustre**, para servir

Ponga las grasas y el azúcar en un cuenco grande,
bátalas y, después, añada y bata el huevo, seguido de los
restantes ingredientes. Forme con la masa una gran bola,
envuélvala bien apretada con film transparente y refrigérela
durante 1 hora.

Saque la masa del frigorífico, desenvuélvala y colóquela sobre
una superficie ligeramente espolvoreada con harina. Amase un
poco la masa para ablandarla y, después, divídala en 20 bolas
pequeñas.

Ponga las bolas en dos bandejas de asar, aplánelas
ligeramente con un tenedor y hornéelas en el horno,
precalentado a 180 °C, durante unos 20 minutos, hasta
que se doren. Saque las galletas del horno y déjelas
enfriar en una rejilla. Espolvoree con un poco de azúcar
de lustre antes de servir.

Para preparar galletas de chocolate y coco, elabore
las galletas como se indica en la receta, pero prescinda
de las almendras molidas. Funda 50 g de chocolate
en un cuenco sobre una cacerola de agua hirviendo.
Moje ¼ de cada galleta en el chocolate fundido y, después,
reboce esta misma parte cubierta de chocolate en coco
rallado. Colóquelas en una bandeja y póngalas a refrigerar
durante 20 minutos para permitir que el chocolate se
ponga firme. Después, traslade las galletas a un recipiente
de cierre hermético. Le sobrará bastante chocolate y coco,
pero necesitará esta cantidad para poder rebozar las galletas
con facilidad.

galletas crujientes de naranja y polenta

67 calorías por unidad
para **20 galletas**
tiempo de preparación
10 minutos, más tiempo
de enfriado
tiempo de cocción **8 minutos**

75 g de **polenta**
25 g de **harina de arroz**
25 g de **almendras molidas**
¼ de cucharadita de **levadura en polvo**
75 g de **azúcar de lustre**
50 g de **mantequilla**, cortada en dados
1 **yema de huevo**, batido
la ralladura de 1 **naranja**
25 g de **almendras laminadas**

Forre dos bandejas de hornear con papel de horno antiadherente. Ponga en un robot de cocina la polenta, la harina, las almendras molidas, la levadura en polvo, el azúcar de lustre y la mantequilla, y bátalos hasta que la mezcla tenga el aspecto de pan rallado fino, o bátalos a mano en un cuenco grande.

Añada la yema de huevo y la ralladura de naranja, e incorpore bien hasta formar una masa. Envuélvala bien apretada con film transparente y refrigere durante 30 minutos.

Saque la masa del frigorífico y aplánela bien sobre una superficie ligeramente enharinada hasta que tenga un grosor bastante fino. Recorte 20 círculos con un cortador de formas de 4 cm. Colóquelos en las bandejas de asar preparadas, corónelos con almendras laminadas y hornee en el horno, precalentado a 180 °C, durante unos 8 minutos, hasta que se doren. Saque las galletas del horno, déjelas en la bandeja durante unos minutos para que se endurezcan y trasládelas a una rejilla para que se terminen de enfriar.

Para preparar galletas de polenta navideñas, elabore la masa como se indica en la receta, pero añada ¼ de cucharadita de esencia de vainilla, ½ cucharadita de canela molida y la misma cantidad de especias variadas cuando agregue y mezcle el huevo. Refrigere y aplane la masa como se indica en la receta y, después, emplee unos cortadores de forma de estrella de distintos tamaños para recortar las galletas. Póngalas en bandejas de hornear forradas con papel de horno antiadherente y cocínelas como se ha indicado, pero omita las almendras laminadas.

cuadrados de limón, pistachos y dátiles

174 calorías por unidad
para **15-20 cuadrados**
tiempo de preparación
  10 minutos, más tiempo
  de enfriado y refrigerado
tiempo de cocción **20 minutos**

la ralladura de 1 **limón**
75 g de **dátiles secos listos
  para comer**, troceados
75 g de **pistachos sin sal**,
  troceados
75 g de **almendras laminadas**,
  troceadas
125 g de **azúcar moreno claro
  y blando**
150 g de **copos de mijo**
40 g de **copos de maíz**,
  ligeramente majados
1 lata de 400 g de **leche
  condensada**
25 g de una mezcla de **semillas**,
  tales como de calabaza
  y girasol

Ponga todos los ingredientes en un cuenco grande y mézclelos bien. Viértalos en un molde de 28 × 18 cm y hornéelos en el horno, precalentado a 180 °C, durante 20 minutos.

Sáquelo del horno, deje que se enfríe y, después, corte de 15 a 20 cuadrados y refrigérelos hasta que estén firmes. Si lo desea, puede verter por encima un poco de chocolate fundido una vez que se hayan enfriado.

Para preparar cuadrados de chocolate y almendras, elabore la mezcla como se indica en la receta, pero prescinda de los pistachos y las almendras laminadas. Trocee gruesas 100 g de almendras peladas y añádalas a la preparación con 65 g de copos de salvado y chocolate fundido. Hornee y déjelos enfriar; corte las formas y refrigere como se ha indicado, vertiendo por encima chocolate blanco fundido, si lo desea.

cuadrados de tarta de maracuyá

307 calorías por unidad
para **16 cuadrados**
tiempo de preparación
   10 minutos, más tiempo
   de enfriado
tiempo de cocción **1 hora**

175 g de **harina de arroz
   integral**
375 g de **azúcar blanquilla**
2 cucharaditas de **levadura
   en polvo**
1 cucharadita de **xantana**
1 cucharadita de **canela molida**
150 ml de **aceite de colza
   o de maíz**
2 **huevos**, batidos
unas cuantas gotas de **extracto
   de vainilla**
375 g de **zanahorias**, ralladas
50 g de **coco rallado**
100 g de **piña de lata majada**,
   escurrida
50 g de **pasas**

para **coronar**
200 g de **queso crema**
2 cucharadas de **miel líquida**
75 g de **nueces**, troceadas
   (opcional)

Unte con aceite y espolvoree con harina un molde de asar cuadrado para tarta de 20 cm de lado. Tamice sobre un cuenco grande la harina, el azúcar, la levadura en polvo, la xantana y la canela. Añada el aceite, los huevos y el extracto de vainilla y bata bien.

Incorpore las zanahorias, el coco, la piña y las pasas. Vierta la mezcla en el molde preparado y póngala en el horno precalentado a 180 °C durante alrededor de 1 hora, o hasta que una broqueta clavada en el centro salga limpia. Sáquela del horno y déjela enfriar en el molde.

Bata el queso crema y la miel, extiéndalos sobre la tarta y esparza por encima las nueces, si las usa. Corte la tarta en 16 cuadrados.

Para preparar cuadrados de tarta tropical, elabore la masa como se indica en el primer paso de la receta, pero prescinda de la canela. Pele y deshuese 1 mango pequeño maduro y trocéelo grueso. Mézclelo con la masa junto con las zanahorias, el coco y 50 g de nueces de Brasil troceadas. Omita la piña y las pasas. Hornee y deje enfriar como se ha indicado. Para coronar, mezcle la pulpa de 3 maracuyás con el queso crema, endulce la mezcla con miel al gusto y, después, extiéndala sobre la tarta. Córtela en cuadrados, pero no use nueces.

pastel jugoso de plátano y zanahoria

183 calorías por ración
14 raciones
tiempo de preparación
  10 minutos, más tiempo
  de enfriado
tiempo de cocción
  1 hora y 40 minutos

175 g de **orejones**
  de albaricoque listos
  para comer, troceados
  gruesos
125 ml de **agua**
1 **huevo**
2 cucharadas de **miel clara**
100 g de **nueces**,
  troceadas gruesas
500 g de **plátanos** maduros,
  majados
1 **zanahoria** grande,
  de unos 125 g, rallada
225 g de **harina bizcochona**,
  tamizada

para **coronar**
150 g de **queso crema**
2 cucharadas de *lemon curd*

Ponga los orejones en una cacerola pequeña con el agua; lleve a ebullición, baje el fuego y deje que se cuezan lentamente durante 10 minutos. Páselas a una batidora o un robot de cocina y bátalos hasta que formen un puré espeso.

Introduzca todos los demás ingredientes en un cuenco grande y añada el puré de albaricoques. Mezcle bien y, después, vierta la preparación en un molde de pan de 1 kg untado y forrado.

Hornee en el horno, precalentado a 180 °C, durante 1 hora y 30 minutos, o hasta que una broqueta clavada en el centro salga limpia. Sáquelo y déjelo enfriar en una rejilla.

Bata el queso crema y el *lemon curd*, y extienda la mezcla sobre el pastel.

Para preparar un pastel de dátiles y plátano, sustituya los orejones por 150 g de dátiles. Cocínelos y hágalos puré como se indica en la receta, pero reduzca el agua a 75 ml. Prepare la masa para el pastel con todos los ingredientes, emplee el puré de dátiles en lugar del de albaricoques y añada 2 cucharaditas de una mezcla de especias. Hornee y déjelo enfriar como se ha indicado. Mezcle 1 cucharadita de canela molida y 2 cucharadas de azúcar de lustre sin refinar y espolvoréelos sobre el pastel, en lugar de la mezcla de limón.

bizcocho con almíbar de limón

334 calorías por ración
12 raciones
tiempo de preparación
10 minutos
tiempo de cocción **40 minutos**

250 g de **mantequilla,**
   ablandada
250 g de **azúcar de lustre**
250 g de **harina de arroz**
   integral
2 cucharaditas de **levadura**
   en polvo
4 **huevos,** batidos
la ralladura y el jugo de **1 limón**

para el **almíbar de limón**
la ralladura y el jugo
   de 2 **limones**
100 g de **azúcar de lustre**

Unte con aceite y forre con papel un molde de pan. Ponga todos los ingredientes del pastel en un robot de cocina y bátalos hasta obtener una mezcla uniforme, o bátalos a mano en un cuenco grande.

Vierta la preparación en el molde y hornee en el horno, precalentado a 180 °C, de 35 a 40 minutos, hasta que esté dorado y firme al tacto. Saque el pastel del horno y páselo a una rejilla para que se enfríe.

Perfore todo el bizcocho con un palillo de cóctel. Ponga los ingredientes para rociar en un cuenco, mézclelos y, después, esparza el almíbar sobre el bizcocho caliente. Déjelo reposar hasta que se enfríe del todo. Decórelo con una serpentina de corteza de limón, si lo desea.

Para preparar un bizcocho cítrico de arándanos agrios, elabore la masa del bizcocho como se indica en la receta, pero sustituya la harina de arroz integral por harina de arroz normal y emplee la corteza y el jugo de ½ naranja en lugar de limón. Añada y mezcle 100 g de arándanos agrios deshidratados y hornee como se ha indicado. Prepare el rociado de limón añadiendo a la preparación 1 cucharada de brandy.

tarta de chocolate, calabacín y avellanas

266 calorías por ración
12 raciones
tiempo de preparación
  10 minutos, más tiempo
  de enfriado
tiempo de cocción **40 minutos**

250 g de **calabacines**, rallados
  gruesos
2 **huevos**
100 ml de **aceite vegetal**
la ralladura y el jugo de 1 **naranja**
125 g de **azúcar blanquilla**
225 g de **harina bizcochona**
2 cucharadas de **caco en polvo**
½ cucharadita de **bicarbonato**
½ cucharadita de **levadura
  en polvo**
50 g de **orejones de
  albaricoque listos para
  comer,** troceados

para **coronar**
200 g de **queso crema**
2 cucharadas de **crema
  de chocolate y avellana**
1 cucharada de **avellanas,**
  tostadas y troceadas

Ponga los calabacines en un escurridor y estrújelos para eliminar todo exceso de líquido.

Bata en un cuenco grande los huevos, el aceite, la ralladura y el jugo de naranja y el azúcar. Tamice sobre la preparación la harina, el cacao en polvo, el bicarbonato y la levadura en polvo, y vuelva a batir hasta que se mezclen bien.

Incorpore bien los calabacines y los orejones y, después, vierta la mezcla en un molde de hornear redondo para tarta de 20 cm de profundidad y fondo desmontable, untado y forrado con papel.

Hornee en el horno, precalentado a 180 °C, durante 40 minutos, hasta que haya subido y esté firme al tacto. Pase la tarta a una rejilla para que se enfríe.

Para preparar una cobertura de fresas y queso fresco, para usar en lugar de la de chocolate y avellanas, bata en una batidora o un robot de cocina 100 g de fresas con 1 cucharada de miel clara, hasta que se haga un puré. Añada y mezcle 125 g de queso fresco natural y extienda la preparación sobre la superficie de la tarta enfriada. Decore esta capa con mitades de fresa, si lo desea.

scones de patata y tomillo a la plancha

91 calorías por unidad
para **6 *scones***
tiempo de preparación
10 minutos
tiempo de cocción **5 minutos**

250 g de **patatas**, en dados
   de 2 cm de grosor y cocinadas
   en agua hirviendo durante
   10 minutos
50 g de **harina de arroz**
una pizca de **sal**
1 cucharadita de **levadura
   en polvo**
1 cucharadita de **tomillo** fresco,
   troceado
2 cucharadas de **suero de leche**
1 **huevo**, batido
un poco de **aceite** y **mantequilla**,
   para cocinar

Ponga las patatas y un pedazo de mantequilla en un cuenco grande y máchaquelas hasta formar un puré liso. Después añada los ingredientes restantes y mézclelos. Forme una bola grande con la preparación.

Vuélquela sobre una superficie ligeramente espolvoreada de harina, aplánela con un rodillo hasta que tenga un grosor de unos 5 mm y córtela en seis triángulos.

Unte una plancha antiadherente con un poco de aceite y añada un pedazo de mantequilla. Después, cocine sobre ella los *scones* durante unos minutos por cada lado, hasta que se doren. Sírvalos con mantequilla y queso.

Para preparar *scones* de patata al azafrán con queso crema a las finas hierbas, ponga en remojo una pizca de azafrán en 1 cucharada de agua bien caliente durante 15 minutos. Mientras, cueza y machaque las patatas como se indica en la receta. Vierta sobre ellas el agua macerada con azafrán y el resto de los ingredientes, pero prescinda del tomillo. Dé forma a la mezcla y cocínela como se ha indicado. Añada a 150 g de queso crema, 2 cucharadas de albahaca y la misma cantidad de perejil, ambos troceados, y sírvalos con los *scones* calientes.

bhajis de ajo y cebolla caramelizada

310 calorías por unidad
para **6 *bhajis***
tiempo de preparación
20 minutos
tiempo de cocción **5 minutos**

2 cucharadas de **aceite de oliva**
1 **cebolla**, en rodajas
2 **dientes de ajo**, en rodajas
1 cucharadita de **semillas
de comino**
2 cucharadas de **cilantro**
troceado
200 g de **harina de garbanzos**
1 cucharadita de **bicarbonato**
½ cucharadita de **sal**
250 ml de **agua**

Caliente la mitad del aceite en una sartén antiadherente; añada
la cebolla, el ajo y el comino y fríalos durante 5 o 6 minutos,
hasta que estén dorados y tiernos. Agregue y mezcle el cilantro.

Mientras, incorpore en un cuenco aparte la harina, el bicarbonato,
la sal y el agua, y déjelo reposar durante 10 minutos. Después,
añádalo a la mezcla de la cebolla y mezcle bien.

Caliente un poco del aceite restante en la sartén; agregue
cucharadas de la mezcla y fríalas durante 2 o 3 minutos,
dándoles la vuelta a mitad de la cocción. Cocine el resto
de la preparación de la misma manera.

Para preparar *chutney* de hierbas aromáticas y yogur,
para servir con los *bhajis*, bata en una batidora o un robot de
cocina 2 cucharadas de yogur, un puñado de hojas de menta
y otro de hojas de cilantro, y 1 cucharada de zumo de limón,
hasta obtener una mezcla lisa. Incorpórela en un cuenco con
otras 4 cucharadas de yogur natural y condimente con sal.
Tape el cuenco y déjelo refrigerar hasta que sirva los *bajhis*.

pan de feta y hierbas aromáticas

118 calorías por ración
14 raciones
tiempo de preparación
   10 minutos, más tiempo
   de comprobado y enfriado
tiempo de cocción **45 minutos**

200 g de **polenta**
100 g de **harina de arroz**
50 g de **leche en polvo**
una pizca de **sal**
1 bolsita de 7 g de **levadura seca**
2 cucharaditas de **azúcar de lustre**
2 cucharaditas de **xantana**
3 **huevos**, batidos
2 cucharadas de una mezcla de **hierbas aromáticas** troceadas
450 ml de **agua templada**
100 g de **queso feta**, desmenuzado

Unte y forre un molde de pan de 1 kg. Tamice la polenta, la harina, la leche en polvo y la sal en un cuenco grande y remueva. Añada y mezcle la levadura, el azúcar y la xantana.

Ponga los huevos y el agua en un cuenco aparte e incorpórelos. Agregue la mezcla a los ingredientes secos y mezcle hasta formar una masa blanda. Bátala durante 5 minutos y, después, añada el queso feta.

Vierta la masa en el molde preparado; tápelo con un paño de cocina limpio y húmedo y póngalo en un lugar cálido para que aumente su tamaño durante unos 30 minutos, hasta que la masa casi alcance el borde del molde. Hornee en el horno, precalentado a 180 °C, durante unos 45 minutos, hasta que se dore y suene hueco cuando se golpee con los dedos.

Saque el pan del horno y déjelo enfriar en una rejilla.

Para preparar pan de polenta, espinacas y guindilla,
elabore la masa como se indica en la receta, pero sustituya el queso feta por 100 g de espinacas hervidas (bien escurridas con un paño de cocina y, después, troceadas), 1 cucharadita de semillas de alcaravea y 1 guindilla roja sin semillas y troceada fina. Deje que suba la masa en el molde, hornéela y enfríela como se ha indicado.

hogaza de semillas oleaginosas

263 calorías por ración
8 raciones
tiempo de preparación
   10 minutos más tiempo
   de enfriado
tiempo de cocción **25 minutos**

400 g de **harina de arroz
   integral**
25 g de **salvado de arroz**
2 cucharadas de **leche en polvo**
½ cucharadita de **bicarbonato**
1 cucharadita de **levadura
   en polvo**
½ o 1 cucharadita de **sal**
1 cucharadita de **xantana**
una pizca de **azúcar de lustre**
50 g de una mezcla de **semillas**,
   tales como de girasol
   y calabaza
50 g de **avellanas**, tostadas
   y toscamente troceadas
1 **huevo**, batido
300 ml de **suero de leche**

Ponga todos los ingredientes secos, incluidos los frutos
secos, en un cuenco grande y mézclelos bien. Bata, en
un cuenco aparte, los huevos y el suero de leche y, después,
añádalos a los ingredientes secos y vuelva a mezclar.

Vuelque la masa sobre una superficie ligeramente enharinada
y forme con ella un círculo de unos 20 cm de diámetro. Marque
con un cuchillo ocho segmentos y, después, ponga la hogaza
en un molde de hornear y espolvoréela con un poco de la harina
sobrante.

Hornee durante 10 minutos en un horno precalentado a
su máxima temperatura y, después, baje el fuego a 200 °C
y continúe la cocción durante unos 15 minutos, hasta que
la hogaza esté dorada y suene hueca al darle golpecitos con
un dedo.

Sáquela del horno y pásela a una rejilla para que se enfríe.

Para preparar bollos de semillas y parmesano,

elabore la masa como se indica en la receta, pero emplee
50 g de semillas de sésamo en lugar de la mezcla de
semillas y sustituya las avellanas por 50 g de queso
parmesano rallado. Forme con la masa 8 bollos redondos
y, después, póngala en una bandeja de asar y espolvoréela
con un poco de harina. Hornee durante 10 minutos como
se ha indicado y, después, baje la temperatura del horno
y cocínelos durante 8 o 10 minutos más, hasta que suenen
huecos al golpearlos con los dedos.

espirales de pizza

331 calorías por espiral
para **8 espirales**
tiempo de preparación
25 minutos, más tiempo
de enfriado
tiempo de cocción **15 minutos**

2 bolsitas de 7 g de **levadura
seca**
1 cucharadita de **azúcar
blanquilla**
250 ml de **leche**, caliente
175 g de **harina de arroz**
125 g de **harina de patata**
1 cucharadita de **levadura
en polvo**
1 cucharadita de **xantana**
una pizca de **sal**
1 cucharada de **aceite
de girasol**
1 **huevo**, batido

para el **relleno**
4 cucharadas de *passata*
200 g de una mezcla
de **queso rallado**, como
mozzarella y cheddar
75 g de **beicon magro extrafino**,
cortado en tiras muy finas
un puñado de **albahaca**,
troceada

Ponga en un cuenco la levadura, el azúcar y la leche, y resérvelo durante unos 10 minutos, hasta que la preparación espumee. Mezcle en un cuenco grande aparte las harinas, la levadura en polvo, la xantana y la sal.

Incorpore el aceite y el huevo en la preparación de la levadura y añádala a la harina, valiéndose de un tenedor para amalgamar la mezcla bien. Vuélquela sobre una superficie ligeramente espolvoreada con harina de arroz y amásela durante 5 minutos, añadiendo un poco de harina si la masa se vuelve pegajosa. Póngala en un cuenco ligeramente untado de aceite, cúbrala con un paño húmedo y deje que leve en un lugar cálido durante unos 40 minutos, o hasta que haya subido bien.

Aplane la masa con un rodillo sobre la superficie enharinada formando un rectángulo de 30 × 25 cm. Extienda sobre ella la *passata* y, después, esparza los otros rellenos. Enrolle la pizza a lo largo y córtela en ocho rodajas.

Coloque las espirales de pizza uno al lado del otro en una bandeja o molde de asar gruesos, ligeramente untados con aceite. Hornee en el horno, precalentado a 220 °C, de 12 a 15 minutos, hasta que se doren. Degústelos calientes, recién sacados del horno.

Para preparar una pizza grande de jamón serrano y roqueta, elabore la masa de pizza y deje que suba como se indica en la receta. Aplánela con un rodillo sobre una bandeja grande de asar espolvoreada con harina, extienda por encima la *passata* y esparza el queso. Omita el beicon. Hornéelo en el horno, precalentado a 220 °C, de 12 a 15 minutos. Sáquela del horno, cúbrala con 5 lonchas de jamón serrano y esparza , la albahaca y un puñado de roqueta.

pan de aceitunas y *haloumi*

189 calorías por ración
12 raciones
tiempo de preparación
   15 minutos, más tiempo
   de comprobado y enfriado
tiempo de cocción **25 minutos**

500 g de **harina blanca
   sin refinar**, y un poco más
   para tamizar
1 bolsita de 7 g de **levadura
   seca**
una pizca de **sal**
2 cucharadas de **aceite de oliva**
300 ml de **agua caliente**
1 **cebolla**, cortada fina
100 g de **aceitunas sin hueso**
75 g de **queso** *haloumi*,
   troceado
3 cucharadas de **perejil** troceado

Ponga la harina, la levadura y la sal en un cuenco grande. Mezcle la mitad del aceite con el agua e incorpórelo en la harina para formar una masa.

Vuélquela sobre una superficie ligeramente enharinada y amásela durante 5 minutos, hasta que esté lisa y elástica. Póngala en un cuenco untado de aceite, cúbrala con un paño húmedo y déjela reposar en un lugar cálido durante 1 hora.

Mientras, caliente el resto del aceite en una sartén, añada la cebolla y fríala durante 7 u 8 minutos. Deje que se enfríe.

Vuelque la masa sobre la superficie enharinada, agregue los ingredientes restantes, incluida la cebolla, y amase hasta que se mezclen bien con la masa. Dele una forma oval, colóquela en una bandeja de hornear ligeramente enharinada y deje que vuelva a subir durante 1 hora.

Cuando la masa haya subido, haga varios cortes en la superficie, tamice sobre ella un poco de harina y, después, hornee en el horno, precalentado a 220 °C, durante unos 25 minutos. Colóquela en una rejilla para que se enfríe.

Para preparar espirales de aceitunas y tomates secados al sol, elabore la masa y deje que duplique su tamaño. Fría las cebollas en el aceite y añada y mezcle las aceitunas, 75 g de tomates secados al sol y ½ cucharadita de semillas de hinojo; déjelo enfriar. Aplane la masa con un rodillo sobre una superficie enharinada hasta que tenga el tamaño de un DIN A4, y extienda sobre ella la mezcla de cebollas, aceitunas y tomates secados al sol. Enrolle la masa a lo largo y corte 12 espirales. Póngalas en una bandeja de horno espolvoreada con harina, déjelas subir durante 30 minutos. Hornee en el horno precalentado a 220 °C de 12 a 15 minutos.

índice

abadejo
con huevos escalfados
112
ensalada de abadejo,
espárragos y huevo
112

aceitunas
espirales de olivas
y tomates secados
al sol 234
pan de olivas y *haloumi*
234
scones de olivas y tomates
secados al sol 40

albaricoques
bocados de albaricoque,
higo y semillas variadas
204
brazo de gitano de
chocolate, albaricoques
y nueces 172
magdalenas integrales
de albaricoque
y naranja 22
pastel glaseado
de plátano
y zanahoria 218
salchichas de tofu
ahumado y albaricoque
156

almendras
chutney de pimientos
rojos y almendras 136
cuadrados de chocolate
y almendras 214
magdalenas de grosellas
negras y almendras
194
tarta de requesón,
ciruelas y almendras
170

arándanos
agrios
bizcocho cítrico de
arándanos agrios
220
galletas de arándanos
agrios y avellanas
208
magdalenas de
arándanos agrios 22
tarrinas de arándanos
borrachos
y mascarpone 188

arroz
arroz al coco 134
jambalaya
de arroz salvaje 108
de pollo y gambas 108

atún
a la *chermoula* con
tomate y berenjena
160
a la pimienta con puré
de berros y nabos 114
glaseado de miel 114

avellanas
galletas de arándanos
agrios y avellanas 208
yogures de maracuyá
y avellanas 20

azafrán
scones de patata
con azafrán 224

bacalao
paquetes
de pescado con
cebollas verdes
y jengibre 70
de pescado con
guindilla y cilantro 70

barritas
de cereal tropicales 24
de cereales de desayuno
24
de mango 202
de miel y jengibre 202

batido de leche de soja
y mango 16

berenjenas
asadas con *tzatziki* 122
atún a la *chermoula*
con tomate y berenjena
160
curry tailandés de pollo
y berenjena 146
lasaña magra 110
mojo de berenjena
y yogur 98
pisto 76

berros
puré de berros y nabo
114
bhajis de ajo y cebolla
caramelizada 226
bocados cítricos de higos
y piñones 204

boniatos
con salsa
de cilantro 88
de tomate 48

puré de boniatos 158
sopa de boniatos y col
48

brazos de gitano
de chocolate y castaña
172
de chocolate,
albaricoques y nueces
172
de fresas 164
de vainilla y confitura
164

brécol
ensalada de brécol
y aceitunas 90
sopa de calabaza
y brécol 48

broquetas
de rape al estilo tailandés
140
mediterráneas de rape
140

café
suflés de chocolate
y café 176

calabacines
fardeles de calabacín
y stilton 38
frittata de calabacín 78
rouille de pimientos
rojos y hortalizas 86
tarta de chocolate,
calabacín y avellanas
222

calabaza
asado de calabaza
y queso de cabra
154
penne con remolacha
roja y calabaza 154
sopa de calabaza
y brécol 48

cangrejo (y centollo)
envolturas de lechuga
con centollo 66
pasteles de cangrejo
y cilantro 62
rollos orientales
de cangrejo y fideos
72

castañas
brazo de gitano
de chocolate
y castaña 172

cebollas
bhajis de ajo y cebolla
caramelizada 226

tiernas
magdalenas de maíz
especiado y cebollas
tiernas 32
mojo de pimiento rojo
y cebollas tiernas
98
paquetes de pescado
con cebollas tiernas
y jengibre 70
tortilla de patata
y cebolla 92

cerdo
al queso con puré
de nabos 102
con glaseado al estilo
oriental 104
potaje caliente de cerdo
y sidra 130

chocolate
brazo de gitano
de chocolate,
albaricoques
y nueces 172
de chocolate
y castaña 172
cuadrados de chocolate
y almendras 214
galletas de chocolate
blanco 210
negro y jengibre
208
y coco 210
magdalenas de chocolate
y plátano 192
minimagdalenas
de chocolate y naranja
196
de chocolate
196
mousse de chocolate
blanco 174
suflés
de chocolate y café
176
y frambuesas 176
tarrinas de chocolate
blanco y *amaretto*
174
tarta de chocolate,
calabacín y avellanas
222

chorizo
estofado de chorizo
y pimientos rojos
106
langostinos y chorizo
con roqueta 68

chutney
de hierbas aromáticas
y yogur 226
de pimientos rojos
y almendras
136
ciruelas
slump de ciruelas
y manzana 180
tarta de requesón, ciruelas
y almendras 170
coco
arroz al coco 134
galletas de chocolate
y coco 210
yogures de maracuyá,
coco y fresas 20
cordero
chuletas de cordero
con rebozo de nueces
y pesto 128
estofado de cordero
y judías *flageolet* 130
hamburguesas de cordero
con salsa de menta
y yogur 58
crepes
ligeras 28
curry
tailandés
de mejillones
con jengibre 146
de pollo y berenjena
146

dátiles
pastel de dátiles
y plátano 218
cuadrados de limón,
pistachos y dátiles 214

ensaladas
al estilo tailandés 132
de abadejo, espárragos
y huevo 112
de brécol y aceitunas
89
de caballa ahumada
y lentejas 120
de calamar y roqueta
con glaseado dulce
de soja 148
de espinaca y tofu 94
de judías de soja,
guisantes y eneldo
116
de judías verdes
y espárragos 90

de tofu
al jengibre y mango
96
y guisantes dulces 96
de tomate, tofu
y pimiento picante 94
fría de tofu y fideos 124
espárragos
con jamón serrano
y requesón 36
con salmón ahumado 36
ensalada
de abadejo, espárragos
y huevo 112
de judías verdes
y espárragos 90
vieiras al jengibre
con espárragos 60
espinacas
fardeles de espinaca
y stilton 38
pan de polenta, espinaca
y guindilla 228

fardeles
de calabacín y stilton 38
de espinaca y stilton 38
fideos
ensalada fría de tofu
y fideos 124
rollos orientales
de cangrejo y fideos
72
sofrito de tofu
con gambas 124
frambuesas
magdalenas
de frambuesas y coco
194
de limón y frambuesas
192
suflés de chocolate
y frambuesas 176
fresas
batido de fresas y lima
28
brazo de gitano
de fresas 164
cubierta de fresas
y queso fresco 222
deliciosos *scones*
de fresas 200
yogures de maracuyá,
coco y fresas 20
frittata 78
fruta
barritas de mango
202

batido de frutas de verano
16
compota de bayas
18
fruta con granola
glaseada con jarabe
de arce 18

galletas
crujientes de naranja
y polenta 212
de arándanos agrios
y avellanas 208
de chocolate
blanco 210
y coco 210
y jengibre 208
galletitas
de cardamomo y agua
de rosas 206
de naranja 206
navideñas de polenta
212
gambas (y langostinos)
jambalaya
de arroz salvaje 108
de pollo y gambas 108
langostinos
con panceta 68
con tamarindo y lima
150
con tomate y coco 150
y chorizo con roqueta 68
rollos de gamas
y cacahuetes 72
sofrito de tofu
con gambas 124
sopa de *miso*
con gambas 52
gazpacho
frío 46
de cuscús 46
granizado
de cava 182
de pomelo y jengibre 182
granola con glaseado
de arce 18
grosellas negras
magdalenas de grosellas
negras y almendras 194
scones de uvas pasas
con crema de grosellas
negras 200
guindillas
paquetes de pescado con
guindilla y cilantro 70
sorbete de melón y
guindilla con jamón 84

guisantes
ensalada
de judías de soja,
guisantes y eneldo
116
de tofu y guisantes
dulces 96
sopa de lentejas
y guisantes 44

hamburguesas
de cordero con salsa
de menta y yogur 58
de pollo con salsa
de tomate 58
higos
bocados
cítricos de higo
y piñones 204
de albaricoque, higo
y semillas variadas
204
hinojo
pollo asado con hinojo
y patatas 138
raita de hinojo 136
hortalizas
estofado de hortalizas
mediterráneo 106
sopa de *miso* vegetariano
52
tofu a la *chermoula*
y hortalizas asadas
160
huevos
abadejo con huevos
escalfados 112
ensalada de abadejo,
espárragos y huevo
112

frittata
de calabacín con menta
78
de roqueta con ajo
78
piperade
con *pastrami* 30
de huevos escalfados
30
tortilla de patata
y alcachofa 92
y cebolla 92

jambalaya 108
jamón
espárragos con jamón
serrano y requesón 36

pizza de jamón serrano
y roqueta 232
scones de jamón y queso
40
sopa de jamón
y legumbres 44
sorbete de melón
y guindilla con jamón
84
jengibre
barritas de miel y jengibre
202
ensalada de tofu
al jengibre y mango
96
galletas de chocolate
negro y jengibre
208
vieiras al jengibre
con espárragos 60
judías
blancas
puré de judías al queso
144
sopa de panceta
y judías blancas
50
vieiras con puré
de judías blancas
144
de soja
ensalada de judías
de soja, guisantes
y eneldo 116
salmón con puré
de judías y apionabo
116
flageolet
estofado de cordero
y judías *flageolet*
fardeles de calabacín
y stilton 38
verdes
ensalada de judías
verdes y espárragos
90
scones de puré de
patatas y judías
verdes con mostaza
34

langosta con escalonias
y vermú 152
langostinos (*véase* gambas)
lasaña magra 110
leche de soja
batido de leche de soja
y mango 16

lechuga
envolturas de lechuga
con centollo 66
con ternera
chamuscada 66
lentejas
ensalada de caballa
ahumada y lentejas
120
lentejas de Puy con
salmón desmenuzado
120
sopa
de jamón y legumbres
44
de lentejas y guisantes
44
limón
bizcocho con almíbar
de limón 220
cuadrados de limón,
pistachos y dátiles
214
magdalenas de limón
y frambuesas 192

magdalenas
bocados de *banoffee*
198
de arándanos agrios 22
de canela 26
de frambuesas y coco
194
de grosellas negras
y almendra 194
de maíz
especiado y cebollas
verdes 32
y panceta 32
de vainilla 26
integrales de albaricoque
y naranja 22
minimagdalenas
de plátano
«a la mariposa»
y nueces 198
de chocolate 196
de chocolate y naranja
196
mango
barritas de mango 202
batido de leche
de soja y mango 16
cuadrados de tarta
tropical 216
ensalada de tofu
al jengibre y mango
96

tarrinas de mango
con requesón 188
manzanas
salsa de manzana
con especias 156
slump de ciruela
y manzana 180
maracuyá
cuadrados de tarta
de maracuyá 218
yogures de maracuyá,
coco y fresas 20
y avellanas 20
mazapán
tarta de pera
al caramelo y mazapán
168
moras y mazapán
168
mejillones
curry tailandés de
mejillones con jengibre
146
melocotones con miel 84
mojos 98
mousse de chocolate blanco
174

nabos
cerdo al queso con
puré de nabos 102
puré de nabos 114
naranja
filetes de pollo con
glaseado de soja 104
galletas crujientes de
naranja y polenta 212
galletitas de naranja 206
minimagdalenas de
chocolate y naranja 196
slump de naranja,
ruibarbo y jengibre
180
nectarinas
pavlova de cerezas
y nectarinas 186

pan
bollos de semillas
y parmesano 230
espirales de olivas
y tomate secados al sol
234
hogaza de semillas
oleaginosas 230
pan
de aceitunas y *haloumi*
234

de feta y hierbas
aromáticas 228
de polenta, espinaca
y guindilla 228
picatostes con hierbas
aromáticas 50
panceta (o beicon)
langostinos con panceta
68
magdalenas de maíz
y panceta 32
sopa de panceta y judías
blancas 50
parfait de ruibarbo
y jengibre 184
pasta
lasaña
sin grasa 110
vegetariana 110
penne con remolacha
roja y calabaza 154
pasteles y tartas
bizcocho
cítrico de arándanos
agrios 220
con rociado de limón
220
cuadrados
de chocolate
y almendras 214
de limón, pistachos
y dátiles 214
de tarta de maracuyá
216
de tarta tropical 216
pastel
de chocolate, calabacín
y avellanas 222
de dátiles y plátano
218
jugoso de plátano
y zanahoria 218
pasteles de pacanas
perfectos 166
tarta
de pera al caramelo
y mazapán 168
de pera, moras
y mazapán 168
de queso *brûlée*
con vainilla 178
de requesón,
ciruelas y almendras
170
patatas
abadejo con huevos
escalfados 112
patatas hinchadas 86

pollo asado con hinojo
y patatas 138
plato único de pollo
138
pisto de pimientos
rojos y patatas 76
scones
de patata al azafrán
224
de patata y tomillo
a la plancha 224
de puré de patata
34
tortilla de patata
y alcachofa 92
y cebolla 92
pavlova
de bayas y agua de rosas
186
de cerezas y nectarinas
186
penne con remolacha
roja y calabaza 154
pepino
salmón con pepino
y crema fresca 142
tzatziki 122
peras
tarta de pera
al caramelo y mazapán
168
moras y mazapán 168
picatostes con hierbas
aromáticas 50
pimientos
asados con *tapenade*
82
chutney de pimientos
rojos y almendras
136
estofado de chorizo
y pimientos rojos 106
gazpacho frío 46
mojo de pimientos rojos
y cebollas verdes 98
pimientos asados con
anchoas y mozzarella
82
piperade con *pastrami*
30
pisto de pimientos
rojos y patatas 76
rollos
de pimiento rojo,
requesón y tomates
secados al sol 74
de pimiento rojo
y feta con olivas 74

rouille de pimientos rojos
con hortalizas 86
sofrito tailandés de
ternera con pimientos
mixtos 134
piñones
bocados cítricos de higos
y piñones 204
piperade 30
pistachos
cuadrados de limón,
pistachos y dátiles 214
pizza
de jamón serrano
y roqueta 232
espirales de pizza 232
plátanos
bocados de *banoffee*
198
magdalenas de chocolate
y plátano 192
minimagdalenas de
plátano a la mariposa
y nueces 198
pastel
de dátiles y plátano
218
jugoso de plátano
y zanahoria 218
platija
platija frita y salsa
de mostaza 142
plato único de pollo
138
polenta
galletas
crujientes de naranja
y polenta 212
navideñas de polenta
212
pan
de feta y hierbas
aromáticas 228
de polenta, espinaca
y guindilla 228
pollo
broquetas de pollo *tikka*
136
curry tailandés de pollo
y berenjena 146
filetes de pollo con
glaseado de soja 104
hamburguesas de pollo
58
jambalaya de pollo
y gambas 108
plato único de pollo
138

pollo
asado con hinojo
y patatas 138
con recubrimiento
de tomate y pan
rallado 102
pomelo
granizado de pomelo
y jengibre 182
puerros
plato único de pollo 138

queso
asado de calabaza
y queso de cabra
154
bollos de semillas
con parmesano 230
cerdo al queso 102
espirales de pizza 232
fardeles
de espinaca y stilton 38
de calabacín y stilton
38
lasaña magra 110
pan
de aceitunas y *haloumi*
234
de feta y hierbas
aromáticas 228
pimientos asados
con anchoas
y mozzarella 82
rollos
de pimiento rojo,
requesón y tomates
secados al sol 74
de pimiento rojo
y feta 74
scones de jamón y queso
40
suflé de gruyer
y mostaza 80
suflés de queso
de cabra y hierbas
aromáticas 80
tarta de queso *brûlée*
con vainilla 178
tarta de requesón,
ciruelas y almendras
170

raita de hinojo 136
rape
broquetas de rape
al estilo tailandés 140
broquetas mediterráneas
de rape 140

remolacha roja
asado de calabaza
y queso de cabra 154
penne con remolacha
roja y calabaza 154
riñones salteados
con Marsala 54
roqueta
frittata de roqueta
con ajo 78
pizza de jamón serrano
con roqueta 232
ruibarbo
parfait de ruibarbo
y jengibre 184
slump de naranja,
ruibarbo y jengibre 180

salchichas de tofu
ahumado y albaricoque
156
salmón
lentejas de Puy con
salmón desmenuzado
120
pasteles de salmón
y eneldo 62
salmón
con pepino y crema
fresca 142
con puré de judías
y apionabo 116
rebozado de sésamo
118
sopa de hortalizas
y salmón al estilo
oriental 118
salsas
de manzana con
especias 156
de tomate 58, 88
con especias 122
pisto 76
sardinas
con ajo y perejil 64
con *harissa* y almendras
64
scones
de jamón y queso 40
de olivas y tomates
secados al sol 40
de patata a la mostaza
y judías verdes 34
de uvas pasas con
crema de grosellas
negras 200
deliciosos *scones*
de fresa 200

semillas
bocados de albaricoque,
higo y semillas variadas
204
bollos de semillas
con parmesano 230
hogaza de semillas
oleaginosas 230
setas
strogonoff de
champiñones silvestres
158
sopas
de boniato y col 48
de calabaza y brécol 48
de hortalizas y salmón
al estilo oriental 118
de jamón y legumbres 44
de lentejas y guisantes
44
de *miso*
con gambas 52
vegetariano 52
de panceta y judías
blancas 50
gazpacho frío 46
sorbete de melón y
guindilla con jamón 84
strogonoff de champiñones
silvestres 158
suflés
de chocolate y café 176
de chocolate
y frambuesas 176

de gruyer y mostaza 80
de queso de cabra
y hierbas aromáticas
80

tartas (*véase* pasteles)
ternera (o vacuno)
a la pimienta con hojas
de ensalada 56
al limón con salsa
de mostaza 56
broquetas de ternera 132
envolturas de lechuga
con ternera 66
lasaña magra 110
sofrito tailandés
de ternera y pimientos
mixtos 134
tiras de ternera
con marsala 54
tofu
ensalada
de espinaca y tofu 94
de tofu al jengibre
y mango 96
de tofu y guisantes
dulces 96
de tomate, tofu
y pimienta picante 94
fría de tofu y fideos 124
mousse de chocolate
blanco 174
pimientos asados
con *tapenade* 82

salchichas de tofu
ahumado y
alabaricoques 156
sofrito de tofu
con gambas 124
tarrinas de chocolate
blanco y *amaretto* 174
tofu a la *chermoula*
y hortalizas asadas 160
tomates
ensalada de tomate,
tofu y pimienta
picante 94
espirales de aceituna
y tomates secados
al sol 234
gazpacho frío 46
langostinos con tomate
y coco 150
lasaña magra 110
piperade con *pastrami* 30
pollo con recubrimiento de
tomate y pan rallado 102
salsa de tomate 58, 78, 88
con especias 122
scones de aceitunas y
tomates secados al sol
40
tortillas 92

vainilla
brazo de gitano de vainilla
y confitura 164
magdalenas de vainilla 26

vieiras
al jengibre con
espárragos 60
con jamón serrano 60
con puré de judías
blancas 144
con yogur de cilantro
148
envueltas en jamón
serrano con puré
de judías al queso 144

yogur
berenjenas asadas
con *tzatziki* 122
chutney de hierbas
aromáticas y yogur
226
mojo de berenjena
y yogur 98
raita de hinojo 136
vieiras con yogur
de cilantro 148
yogures
de maracuyá, coco
y fresas 20
de maracuyá
y avellanas 20

zanahorias
cuadrados de tarta
de maracuyá 216
pastel jugoso de plátano
y zanahoria 218

agradecimientos

Editora ejecutiva: Eleonor Maxfield
Editora en jefe: Ruth Wiseall
Editora artística ejecutiva: Tracy Killick
Diseñador: Geoff Fennell
Fotógrafo: William Shaw
Especialista en economía doméstica:
Marina Filippelli
Estilista de accesorios: Liz Hippisley

Fotografía especial: © Octopus Publishing Group Limited/William Shaw.

Otras fotografías: © Octopus Publishing Group Limited/Stephen Conroy
55, 57, 61, 85, 153/Will Heap 162/ David Munns 42/Emma Neish 167, 173,
193, 199, 201, 203, 213, 215, 217, 221, 225, 227, 229, 231, 233/Lis Parsons
17, 21, 83, 95, 97, 100, 103, 105, 107, 113, 117, 119, 123, 125, 129, 145,
149, 157, 161, 169, 177, 181, 195, 205, 209, 219, 223, 235/William Reavell
29, 99, 109, 111, 115, 121, 141/Craig Robertson 25, 33, 35, 47, 89, 93/
Ian Wallace 6, 14, 126, 190.